U0964460

新时代药学生职业素养理论与实务

谭斌　施承　林晓◎主编

光明日报出版社

图书在版编目（CIP）数据

新时代药学生职业素养理论与实务 / 谭斌，施承，林晓主编．-- 北京：光明日报出版社，2025. 5.

ISBN 978-7-5194-8737-9

Ⅰ. R9-4

中国国家版本馆 CIP 数据核字第 20250FR403 号

新时代药学生职业素养理论与实务

XINSHIDAI YAOXUESHENG ZHIYE SUYANG LILUN YU SHIWU

主　　编：谭　斌　　施　承　　林　晓

责任编辑：刘兴华　　　　责任校对：宋　悦　李佳莹

封面设计：中联华文　　　　责任印制：曹　诤

出版发行：光明日报出版社

地　　址：北京市西城区永安路 106 号，100050

电　　话：010-63169890（咨询），010-63131930（邮购）

传　　真：010-63131930

网　　址：http：//book. gmw. cn

E - mail：gmrbcbs@ gmw. cn

法律顾问：北京市兰台律师事务所龚柳方律师

印　　刷：三河市华东印刷有限公司

装　　订：三河市华东印刷有限公司

本书如有破损、缺页、装订错误，请与本社联系调换，电话：010-63131930

开　　本：170mm×240mm

字　　数：150 千字　　　　印　　张：15. 5

版　　次：2025 年 5 月第 1 版　　　　印　　次：2025 年 5 月第 1 次印刷

书　　号：ISBN 978-7-5194-8737-9

定　　价：78. 00 元

版权所有　　翻印必究

新时代药学生职业素养理论与实务
编委会

主　任：阳　洁　文秋林

副主任：何　萍　苏志恒

副主编：周　媚　唐　侠　胡承光　刘乃钰

编　委：覃　雄　刘登宇　刘昌伟　林　晓
杨　勇　刘　伟　李云凤　谭　斌
施　承　周　媚　唐　侠　胡承光
刘乃钰　李福森　韦　微　覃　杨
肖杰文

新时代药学生职业素养理论与实务

主　编：谭　斌　施　承　林　晓
副主编：刘乃钰　唐　侠　周　媚　胡承光

前　言

在新时代背景下，药学领域正以前所未有的速度发展，新药研发、精准医疗、个体化治疗等前沿技术层出不穷，为人类健康事业带来了前所未有的机遇与挑战。作为新时代的药学生，不仅要掌握扎实的专业知识与技能，更需具备高尚的职业道德、良好的职业素养以及持续的学习与创新能力，方能肩负起推动药学进步、服务人类健康的崇高使命。在此背景下，《新时代药学生职业素养理论与实务》一书应运而生，旨在结合理论与实践，为药学生提供一套系统的职业素养培养指南，给药学生、医药行业从业者及教育工作者提供参考。

本书分为理论篇与实务篇。理论篇主要从“认识药学职业”入手，分析了药学生职业素养的内涵与构成，总结了高校一线辅导员、专业课教师、学工干部、企业导师等群体多年的学生素养培养和实践经验，形成了药学生应具备的十大职业素养能力，包括生命教育、专业基础、演讲口才、创新能力、职业礼仪、情绪管理、团队协作、时间管理、网络技能及终身学习能力，为药学生未来在学术研究、临床实践、药企工作等领域提供发展指引，使他们能够更好地适应快速变化的行业需求，提高个人职业竞争力。实务篇则聚焦于具体实施方案与活动设计，通过丰富的实务案例和实践操作，从课程建设、环境建设、项目实施、活动体验等方面，帮助药学生将理论知识转化为实际操作能力，促进其职业素养的全面提升。

本书在编写过程中，借鉴和参考了部分国内外职业素养教育相关的文献资料，以及一些专家学者的理论和观念，在此表示感谢！由于时间和编者水平有限，书中难免有疏漏，敬请读者批评指正。

编写组

目 录
CONTENTS

理论篇

实务篇

01

理论篇

第一章

认识药学职业

第一节　药学职业发展前景

药学作为一门涵盖药物研发、生产、质量控制、药物作用机制研究和临床合理用药等多个方面的综合性学科，是医疗领域中关键的一环，其发展前景十分广阔。随着科学技术的不断进步、人口老龄化的加剧和人民生活水平的提高，人们对健康问题日益关注，对医疗保健的需求也在不断增加，这导致了人们对优质药品、保健品、医疗器械和医疗服务的需求持续增长，药学领域正迎来前所未有的发展机遇。

在药物研发方面，随着基因组学、代谢组学、蛋白质组学、纳米材料等技术的快速发展，个体化治疗和精准医疗已成为可能。这为药学研究提供了新的思路和方法，使得药物研发更加高效、精准。同时，随着人工智能和大数据技术的开发与应用，药物研发过程将更加信息化、数字化、智能化和自动化，能够大大提高研发效率和成功率。

在药物生产方面，随着医疗技术、生物技术、生产方式等的不断迭代进步，以及绿色生产理念的深入人心，具有更高疗效和更少毒副作用的生物制药的比重不断增加，药物生产与传统的化学制药相比，将更加注重环保和可持续发展。此外，随着全球化和国际合作的加强，药物生产也将逐渐实现全球化布局，生产成本逐渐降低，生产效率逐步提高。

在药物质量控制方面，由于药物质量控制是确保药品质量安全的关键环节，因此，长期以来国内外对药物质量的管理可谓毫不松懈。近年来，随着药物质量管理体系的不断完善和技术手段的不断创新，药物质量控制将更加严格、规范、高效、法律法规化。这有助于提高质量控制效率和准确性，保障药品质量，维护公共健康安全。

在药物作用机制研究方面，随着药理学、药物代谢动力学、分子生物学等学科的长足发展，人们对药物作用机制的认识加深，通过进一步研究，可为医疗行业用药治病救人提供更为详细和准确的理论支持。知其然，知其所以然，有助于评估药物的安全性和有效性，可以更直截了当地指导临床合理用药，提高治疗效果，降低药物不良反应。

在临床合理用药方面，药师通过指导临床合理用药完成了角色的转变，即从传统的负责药品的调配和发放到参与临床治疗和用药决策。药师通过对患者的用药情况进行监测和评估，提供个性化的用药建议和指导，帮助医生、护士和患者更加科学、精准、合理地使用药物，提高治疗效果，减少不良反应的发生。

药学领域的多方面发展使得各环节对药学专业人才的需求持续增长。制药公司、医疗机构、科研机构、教学机构等领域都需要药学专业人才来支持药物研发、生产、质量控制、临床用药等方面的工作。科技的创新推动，也使得药学领域变得非常活跃，新的药物研发技术、药物传递系统、个性化治疗等的不断涌现，为药学专业人才提供了更多的就业机会和发展空间。

综上所述，药学领域未来的发展趋势是多元化的，发展前景整体上积极向好且潜力巨大，但药品研发也面临高风险、高成本，以及政策法规和体制机制尚未完善等问题，加之医药市场日益激烈的竞争，药学领域也将迎来新的机遇和挑战。因此，药学领域就业前景可圈可点，同时也受到多种因素的影响，这就需要药学专业人才不断适应行业发展的需求和变化，及时关注政策法规的变动和市场动态，抓住机遇，应对挑战，注重创新，提升专业能力，不断学习和探索，为推动药学事业的发展做出贡献。

第二节　药学职业岗位分类

一、医药代表

医药代表是大多数药学专业学生对口的就业岗位之一，在当前医药市场上的地位不可或缺，工作前景及上升途径较为广阔，大型中外药企的医药代表岗位较为热门且需求量较大。据2020年出台的《医药代表备案管理办法（试行）》，医药代表指代表药品上市许可持有人在中华人民共和国境内从事药品信息传递、沟通、反馈的专业人员。[①] 药品是一种特殊的商品，制药企业应对所研发、生产的药物配备相应的医药代表，以便解答医务人员对所研新药的相关疑问。由此，具有扎实专业知识储备将是成为一名优秀医药代表的一大优势。另外，医药代表也需要具有一定的临床理论知识及实践经验，做好药品推荐工作，并把药品在临床上使用的情况及时反馈，使之与简单的销售岗位做明确的区分。医药代表主要工作任务：拟订医药产品推广计划和方案；向医务人员传递医药产品相关信息；协助医务人员合理使用本企业医药产品；收集、反馈药品临床使用

① 国家药监局关于发布医药代表备案管理办法（试行）的公告（2020年第105号）［EB/OL］. 国家药品监督管理局官方网站，2020-09-30.

情况及医院需求信息。目前，医药代表的工作重心主要放在与医务人员、药事管理人员等的沟通上，日常需开展如学术会议、讲座等学术推广活动，对从业人员的综合素质能力要求较高。

二、药师

药师是指接受过药学专业教育，依法通过有关部门的考核并取得资格、遵循药事法规和职业道德规范，在药学领域从事药品的生产、经营、使用、科研、检验和管理等有关工作的人员，主要在医疗预防机构、药事机构和制药企业等处开展工作。我国执业药师资格制度从 1994 年开始实施，纳入全国专业技术人员执业资格制度统一规划的范围。《执业药师职业资格制度规定》（2019 年版）对执业药师的界定：执业药师是指经全国统一考试合格，取得执业药师职业资格证书并经注册，在药品生产、经营、使用和其他需要提供药学服务的单位中执业的药学技术人员。① 执业药师的主要工作：在执业范围内负责对药品质量进行监督和管理，负责处方的审核及调配，提供用药咨询服务与药品信息，指导合理用药，开展治疗药物监测及药品疗效评价等工作。而医疗机构药师则需进行职称考试，

① 国家药监局 人力资源社会保障部关于印发执业药师职业资格制度规定和执业药师职业资格考试实施办法的通知［EB/OL］. 国家药品监督管理局官方网站，2019-03-20.

取得相应级别的技术职务。医疗机构药师根据专业可分为西药师和中药师两种，并可根据职称划分为药士、药师、主管药师、副主任药师、主任药师五种，其中药士级别最低，主任药师级别最高。医疗机构药师的工作内容主要包括药学查房、药历书写、药品处方审核及调配、用药交代与用药指导教育、血药浓度监测、药品不良反应上报、药学宣传科普等。

三、医药研发人员

药品的研发工作一般包括原料药的制备、药效分析、制剂生产、工艺改进等研究类工作以及新药的报批、专利申请等文书类工作，以此为核心的一大类职业可称作医药研发。目前，医药研发人员以本科及以上学历为主，但随着科学研究的深入和科学技术的进步，从事医药研发对学历和实验技术水平的要求逐年提高，需要从业人员具备药学、微生物学、有机化学、生物化学、分析化学等的专业知识背景，并具有一定的文献搜索查阅能力、英语阅读理解及书写能力、实验方案设计能力和较强的实验操作技能，熟悉各种有机合成反应和机理，熟练使用各种与药品制备、分析相关的实验仪器。此外，医药研发人员还需具有耐心耐力、创新意识、钻研精神、团队合作精神，乐于接受挑战，敢于直面困难，能高效完成研发任务及相关的课题研究。

四、公务员/事业单位

药学专业人员可考取国家公务员或选择进入事业单位工作。国家公务员是指依法履行公职、纳入国家行政编制、由国家财政负担工资福利的工作人员，是干部队伍的重要组成部分，是社会主义事业的中坚力量，是人民的公仆。目前招收药学专业的公务员单位主要有药品监督管理局、市场监督管理局、医疗保障局、卫生健康委、海关、药品稽查大队、监狱、检疫检验部门等，药学专业人员可在这些单位或部门中，从事药品检测检验相关工作。当然，药学专业人员也可以报考“三不限”［不限学历（大专及以上）、不限专业、不限户籍］的公务员岗位，但这类岗位因招考门槛较低且条件较为宽松，每年报考人数均较多，竞争压力较大，且工作与所学专业多不对口，需重新自主学习和接受相关培训。值得注意的是，有些专门招收药学专业人员的公务员岗位并不会每次都招考。若有意向考取公务员，应关注每年各单位的招录需求，并提前做好应试准备。若药学专业人员选择进入事业单位工作，可以考虑药品监督管理局、公共卫生医疗机构、国有医药企业、医院或卫生院、医药类院校等与药学专业相关的岗位，从事与药物合成、药物制剂、药物检验、药品生产与营销、新药研制开发、药物质量控制以及与药学研究、管理和教学等有关的工作。

五、药品质量控制（QC）

QC 是 Quality Control 的简称，翻译为中文即质量控制，根据最新国际标准 *ISO* 9000：2015 *Quality Management Systems — Fundamentals and Vocabulary* 一文，QC 指为达到质量要求所采取的作业技术和活动，其目的在于对某一过程进行监视并排除在质量环节各阶段导致不满意的原因，以取得经济效益。作为一个职业，QC 在药学领域为担任该技术和活动的人员，是负责药品质量检验、发现及分析药品质量问题、控制和改善不合格药品的相关人员的总称，分类根据城市、公司类型等略有差异，但大致可分为进料控制（Incoming Quality Control，IQC）、制程质量控制（In Process Quality Control，IPQC）、最终质量控制（Final Quality Control，FQC）和出货质量控制（Outgoing Quality Control，OQC）四种。QC 工作的主要职责是参与整个生产过程各项检验工作（原辅料、现场、半成品、成品等）；监督项目现场检验工作的具体实施情况（人员组织、技术实施、质量、进度、安全、成品保护等）；及时反馈质量问题，及时传递不合格信息；检验工具的管理，记录的维护；等等。QC 是保证药品质量的重要岗位，不仅需要从业者熟练操作相关的检验仪器，还需要其有高度负责的精神和细心严谨的作风，以保证检验数据的准确和药品质量的安全。

六、药品质量保证（QA）

QA 是 Quality Assurance 的简称，翻译为中文即质量保证，根据最新国际标准 *ISO* 9000：2015 *Quality Management Systems — Fundamentals and Vocabulary* 一文，指对某实体能满足质量要求提供适当信任，在质量体系内开展的并按要求证实的全部有计划、有系统的活动。医药行业的 QA 是药品生产过程中用以保证生产出的药品符合要求的一个职业。工作的主要内容是贯彻执行《药品生产质量管理规范》（*Good Manufacturing Practice of Medical Products*，GMP），负责组织协调、监督检查 GMP 在各个部门的执行情况，确保其有效运行；负责获得各类药品管理及相关法律法规和技术要求的文件，并作归档管理、通报管理、变更控制和记录；参与药品生产工艺规程及标准操作规程的制定；负责原辅料供应商审核；负责对不符合事件进行管理、跟踪；负责组织有关部门人员进行 GMP 管理培训；负责质量管理会议中相关质量指标统计及准备，并参加会议。从国际标准的定义上看，质量控制和质量保证的某些措施是相互关联的，质量保证的内容可涵盖质量控制。因此，作为一个职业来说，QA 与 QC 的工作联系较为密切，但 QA、QC 也存在差异。通俗来讲，可以认为 QA 所负责的工作是 QC 主要工作以外的部分，若把 QA 比作一名医生，该医生可通过诊疗指南系统且科学地治疗疾病，那么 QC 就是各项辅助检查，通过检查检测出各项指标、参数水平，发现患者存在的健康问题。

七、临床监查员（CRA）

临床监查员（Clinical Research Associate，CRA）需具备临床医学、卫生统计学、药学等专业方面的相关知识，并具备一定的临床试验工作经验，并持有药品临床试验质量管理规范（Good Clinical Practice，GCP）证书，同时还需具备较强的沟通协调能力和语言表达能力。CRA 主要的工作职责：协助项目经理制订监查计划；掌握临床试验方案，熟悉各类表单、临床电子化管理系统的填报；负责按照项目和公司的标准作业程序（Standard Operating Procedure，SOP）完成各类访视和启动常规监查；负责试验药品、物资、文件的发放和回收；负责全面跟进其所负责的中心临床试验的具体实施，定期汇报项目进度，确保试验如期完成。目前，随着医疗需求的增加、新药研究领域的持续发展以及大数据、人工智能、生物技术等新技术的应用，新药临床试验的数量正在迅速增长。CRA 作为药物临床试验阶段的关键角色，其需求量将会水涨船高，目前如北京、上海等一线城市，对该类型人才的需求较多，不仅短期就业形势可观，长久来看，该职业的前景也相当广阔。

八、临床协调员（CRC）

临床协调员（Clinical Research Coordinator，CRC）是在药物临床试验中从事被研究者授权，协助研究者进行非医学判断的相关事务性工作的人员，是药物临床试验的参与者、协调者。CRC需要有临床医学、药学、护理学、卫生统计学等相关专业知识，并具有良好的英语阅读理解能力、独立工作能力、沟通表达能力、应变能力、抗压能力、自学能力。主要工作职责：依据国家相关法规、所设计的研究方案、医院及公司的SOP要求，协助研究者完成伦理资料递交、临床试验机构备案资料递交等工作；及时完成严重不良反应事件的相关安全报告；协助填写病例报告表，完成试验各个阶段研究中心的文档收集、整理、归档；协助完成受试者筛选、入组、随访等工作，包括受试者招募、筛选潜在的受试者、安排受试者访视、安排实验室检查、获取检查结果等；协助完成临床研究药物或器械及其相关物资的管理，包括接收、保存、分发、回收和归还，并完成相关记录；协助CRA的中心监查工作，并及时全面地向CRA汇报研究中心进展情况；协助CRA、研究者及时完成数据答疑；协助CRA进行临床试验管理及相关日常工作。

九、医药产品经理

医药产品经理是医药公司、生物技术公司负责市场的团队中不可或缺的一个岗位，在为患者提供药物和治疗方面起着积极且重要的作用。医药产品经理需要有良好的沟通交流能力、演讲展示能力、书面表达能力，善于发现市场痛点，对客户的需求敏感。若具备临床医学、药学、生物学、市场营销学等的知识背景，将对其开展工作有一定的帮助。他们日常需要与相关治疗领域内具有较大影响力的医生、药师、护士及其他医学专业人员建立联系，保持沟通与交流，以此来扩大所负责药品的影响力，促进医务人员对所在公司医药产品的了解。医药产品经理的主要工作职责：制订年度医药产品推广计划；负责公司医药产品渠道的调研、分析及设计，跟踪、挖掘医药产品的客户需求，结合公司整体的业务策略进行需求评估；负责研究公司医药产品治疗领域的市场趋势（市场容量、增长趋势、同类竞争产品的市场份额等），确定拓展方向，制订整体推广方案（宣传计划、宣传口号或文案、推广所需物料、如何发挥媒体作用等），明确终端策略并指导落实；组织实施各级会议（科室会议、沙龙交流、学术讲座和区域学术会议等），对市场活动进行评估管理并对活动执行效果负责。

十、医药招商方向

医药招商是指医药企业负责招募代理商、分销商、合作伙伴并协助其与医院签约合作，推广公司产品、业务的工作人员。医药招商属于一种较为独立的经济模式，能将医药产品的商品属性充分体现，主要的招商方式有展会医药招商、电商医药招商、网站药品招商、电话招商、短信群发招商、直投广告招商、邮件招商等，当前电商医药招商已经成为主流趋势，这些招商活动的目的在于构建稳固的合作伙伴关系，通过资源共享和利益均衡，使之在竞争激烈的市场环境中占据优势地位。从事医药招商工作的人员需具备医药专业相关背景，并持有互联网药品交易服务资格证和互联网药品信息服务资格证。其主要的工作内容是负责区域内代理商的招募工作；参与区域内市场招商的运营与管理；负责对代理商完成任务指标情况进行监督与协助；完善招商相关制度及工作流程；对管辖区域内的各项资源进行协调、统筹；收集与分析竞争对手信息，制订具有竞争力的推广方案；开拓新销售渠道，维护原销售渠道业绩；为促成代理商与医院签约提供支持；与医院相关负责人沟通合作方案。

第三节　药学职业素质能力要求

一、具备扎实本领和专业技能的药学人才

药学领域大多数专业对口的就业岗位，都需要从业者具备扎实且丰富的药学基础知识，并根据具体岗位的需要着重掌握

相应的技能，熟悉相关操作。理论知识可从校园课堂习得，但实践应用仍需社会工作的磨炼。从事药学研究，除了熟练应用药理学、药剂学、药物化学、药物分析学、药物代谢动力学、有机化学、生物学等药学基础知识，还需具备良好的药学专业实验技能，熟悉实验室基本操作、仪器使用、实验数据分析等，能够独立完成实验工作，确保药品研发及生产的顺利进行。从事临床相关工作，则需培养一定的临床实践经验，了解疾病的诊断、治疗过程以及药物在临床实践中的应用，并能够切实参与临床药物治疗方案的制订和实施，为患者提供准确的药学服务。从事药品注册监管工作，则需从业者了解药品注册申报、审批、药品生产、流通和使用环节的监管等方面的法规和政策，具备较强的法规意识，且能够遵守行业规范，确保药品研发、生产和销售的合规性。

二、具备沟通能力和创新能力的药学人才

药学行业人才需要具备良好的沟通能力和创新能力，这不仅在新药研发方面尤为重要，在药学行业的其他方面也不可或缺。药学人才应能够与医生、护士、患者、客户、团队成员等各方进行有效沟通，理解各方诉求，能够用批判性、发散性和创造性思维去分析问题，并利用专业的知识与技能为其提供良好的服务对策和恰当的问题解决方案，可作为连接各方的桥梁纽带，将药品的相关信息准确地传达给各方，促进药学行业与

各相关行业的良性循环发展。

三、具备大局观念和全球视野的药学人才

随着全球化进程的推进和国际合作的加强，药学将逐渐实现国际化发展，这为药学专业人才提供了更多国内外就业机会，同时也促进了国际新药研发和专业技术交流。因此，药学专业人才应具备大局观念，及时关注国内外药学领域的最新动态和趋势，了解不同国家和地区的药品监管政策、药品研发和生产情况等。通过拓宽视野，增强自身跨文化交流能力和跨学科学习的主动性，药学人才可以更加全面地认识药学领域的发展，与国际同行进行深入交流和合作，这将有助于加速药物研发的进程，提升国产药、中药、民族药等的国际影响力，推动药学领域的发展，并有利于推动我国的药品更好地进入国际市场。

四、具备高度的责任感和团队合作精神的药学人才

药品研发技术难度大，流程多且复杂，要经历前期探索确定研究方针、筛选设计发现有效药物、临床前研究、临床研究、注册上市和上市后药物监测等阶段，一种新药从研发到上市平均需要 10~15 年，甚至更长时间，易出现耗时耗财却无回报的情况。因此，整个研发过程，从药物的发现到后续的应用，每个环节都需要大量的人力物力资源，这就要求从业者具

有高度的责任感，并且善于团队协作，严格遵守相关的法律法规和伦理要求，提高职业道德素养，才能上下一心，充分协调资源、解决问题、突破瓶颈，使药学各环节工作者能够携手共同推动药学领域的发展和创新。

第二章

药学生职业素养概述

对药学生而言，具备良好的职业素养，就拥有了入职的敲门砖。药学生的就业能力在很大程度上取决于药学生职业素养的高低。职业素养越高，获得成功的概率就越大。药学生的就业前景与其职业素养密不可分。职业素养的水平直接影响着药学生的就业和成功。因此，对广大药学生而言，培养良好的职业素养至关重要。职业素养广义上指在职业过程中展现出来的综合品质，包括职业道德、职业技能、职业行为、职业作风和职业意识等方面。在业界人士看来，敬业精神和合作态度是职业素养的两个重要方面。敬业精神意味着将个人利益融入集体利益中，做任何工作，都要尽心尽力，及时纠正错误，这不仅表现为吃苦耐劳，更体现为全心全意投入工作。态度是职业素养的核心，良好的态度如负责、积极、自信、建设性、欣赏和乐于助人等，都对一个人事业的成功起着重要的作用。

第一节 职业素养的内涵

职业素养是指一个人在职场中所展现的综合能力和素质。麦克利兰提出的“素质冰山”模型将职业素养比喻为冰山，强调了其显性和隐性两方面。显性素养包括外在可见的部分，如形象、知识、技能等，这些通常可以通过证书、考试等方式进行验证。而隐性素养则指隐藏在内心深处的素养，包括职业意识、职业道德、职业作风、职业态度等，这些对个人行为和成就有着至关重要的影响，但通常不容易直接观察或量化。

在职场中，显性和隐性素养共同构成了一个人的完整职业素养。虽然显性素养容易被人们看到，但隐性素养往往更为关键，它们决定着个人的行为和表现。因此，大学应该着重培养学生的隐性素养（职业意识、道德素养等）和显性素养（知识和技能）。这需要学校、学生和社会三方协作，以实现学生的全面发展。

企业对高校毕业生的职业素养越来越重视，这也成为高校学生是否能够顺利就业的决定性因素之一。因此，医学院校需将职业素养培养纳入教学重点，不仅关注学生的职业技能培养，还应该注重培养学生的职业意识、沟通能力、合作精神等综合素养，以提升学生的竞争力和适应能力。

第二节　职业素养的构成要素

一、职业道德

（一）职业道德的内涵

社会生产力的发展，社会分工的进一步延伸，使得职业道德在这些过程中逐步形成统一且普遍的共识，这样的共识在不同的职业集团中得以体现。道德源于实践，高于实践，是人们日常生活实践的反映，也是基础。在社会分工早期阶段，随着打猎和种植业的进一步发展，出现了畜牧业、纺织业等新的分工，职业道德也由此萌生。生产力和生产关系进一步发展，引申出了阶级社会，使得职业在分工中分立两侧，出现压迫与被压迫阶级，商业、军事、政治等各种为阶级服务的职业层出不穷。在这个阶段，生产力的发展和人们对物质精神生活的需求，不仅要求职业劳动者有精湛的技能，还要求其具备良好的职业道德，以满足职业发展需要。在社会发展进程中，一般社会道德同时也会是某一特殊群体的道德，职业道德作为与社会道德相近的理念，同属意识形态，反映的是阶级和生产力的关系，体现了特定阶级的需求和愿望，它为特定阶级的利益服务。在阶级社会中，职业道德是通过阶级的实践活动归纳总结出来的，蕴含着阶级中多数人的意志，且不易转移。不同阶级的人们会将本阶级的观点和情感带入自己的职业生活中，形成不同的职业观和职业道德。因此，职业道德的来源和去向非常清晰，是人们职业活动中总结出来的道德准则，道德守则和道德情操等一系列规则性的总和，是对职业劳动的约束，也为职业发展提供了方向和指引，因而职业道德肩负着社会道德的重要作用。

职业道德是指在职业生活中人们应当遵循的基本道德，也就是职业生活中一般的社会公德。职业道德的某个特征属于职业自律的范畴，职业道德的提出，就是为了约束不符合职业发展规范的行为和意识，谨防出现损害职业的行为，如公约、守则等。职业道德不仅仅承担行业职责和义务，也承担着社会公德的责任和义务，二者是不可分离的。在新的形势下，作为一名合格的药学工作者，既要遵守一般的职业道德规范，又要有创造性开展工作的意识，才能在工作中有所开拓。社会主义职业道德，最根本的是要在党的全面领导下，根据社会主义精神文明发展和建设进行的公约。社会主义职业道德，是摒弃了旧时代的职业道德糟粕，汲取不同时代优秀的职业文化和传统孕育而生的，具有非常显著的先进性。此外，在社会主义市场经济背景下，并没有将职业设定高低之分，而是一律平等尊重，在职业群体中和群体间，社会主义职业道德都可以提供借鉴。不同职业的人们在热爱本职工作的同时，能够形成树立责任感、荣誉感的共同要求和道德观。

（二）职业道德的要求

职业道德的基本要求主要应包括以下几方面的内容：敬业奉献、实事求是、依法行事、公正透明、服务社会。

敬业奉献。尊职敬业，是从业人员应该具备的一种崇高精神，是达到职业理想的必备素质。药学生在就业之前经过职业素养的熏陶，将职业发展作为自己人生未来的发展方向，有益于药学职业道德的构建和发展。医药行业从业人员，要安心工作、热爱工作、献身所从事的行业，把自己在大学阶段树立的职业理想落到实处、归在日常，积极工作，在平凡的工作岗位上做出应有的贡献。良好的职业道德会激励从业人员奋发拼搏。药学从业人员有了尊职敬业的精神，就能在实际工作中积极进取，忘我工作，把好工作质量关。敬业还体现在，对工作认真负责，把自己纳入集体中去，发挥作用，将个人的贡献和集体结合起来，获得的成果也以集体为荣，同时认真分析工作中的不足并积累经验。

实事求是。这不光是思想路线和认识路线的问题，也反映出一个人的道德问题。精细务实就是从每一件小事做起，做精、做细、做实，坚持一切从实际出发，不走极端，以优质高效、可量化、可执行为准则。药学因其行业特殊性，要求药学生在职业素养上必须求真务实，深入实际，调查研究药学发展规律。为此，药学生在职业发展过程中必须坚持以人为本，办实事，求实效，坚决反对和制止违背伦理道德和职业规范进行工作。如果在药学职业发展中，夹杂着私心杂念，为了满足个人私欲或抵御不住外来诱惑，弄虚作假，就会背离实事求是这一最基本的职业道德。

依法行事。药学领域坚持依法行事和以德行事“两手抓”。筑牢医药领域法治根基，一方面，加强国家治理体系和治理能力现代化，要抓住大力推进国家法治建设的有利时机，坚持以人为本的理念，进一步加大执法力度，严厉打击医药领域的各种违法乱纪现象，依靠法律的强制力量消除腐败滋生的土壤。另一方面，要通过职业道德的约束性，在社会群体中和职业素养提升中启迪人们的良知，提高人们的道德自觉性，把职业道德渗透到工作的各个环节，融入工作的全过程，增强人们的道德自觉，从根本上消除腐败现象。

公正透明。公正意味着药学人才在药物研发、生产、流通及使用的全过程中，坚持科学原则，不偏不倚，确保公众健康利益最大化。透明则要求信息开放，无论是药物成分、临床试验结果还是不良反应，都应如实公开，增强公众信任。培养公正透明的职业操守，不仅是遵守法律法规的基本要求，更是对患者负责、对社会负责的体现。因此，公正透明不仅是药学教育的重要内容，更是药学生职业道德建设的基石。

服务社会。在药学生职业道德中，服务社会是职业道德的基本导向，职业素养和职业能力的提升，是为了能够向公众提供优质的医疗服务。因而，在药学生的职业素养培养中，树立其服务社会的意识，是进行职业素养教育的出发点和落脚点，需要贯穿整个药学生职业生涯。

二、职业理想

职业理想是人们在职业上依据社会要求和个人条件，借想象而确立的奋斗目标，即个人渴望达到的职业境界。职业理想是实现个人人生理想中的核心，职业理想是一个人对自己职业生涯目标的确立和对职业的追求。每个人的职业理想可能不同，但通常都是希望能够从事自己热爱并具有价值感的工作，实现个人和职业发展的平衡。

（一）职业理想的内涵

职业理想从构成方面看，主要由思想、品质、道德三个层面的内容构成。

从职业思想层面上讲，它包含了职业意识、职业价值观和职业信仰三个部分。思维是行动的指南，每个人的行动都要受到某种思维的引导。对职业劳动者而言，如何开展工作，做到怎样的程度，以及达到怎样的效果在一定程度上取决于劳动者在思想上对职业、对工作的总体认识。职业劳动者，这里专指医药学职业劳动者，只有在思想上对所从事的职业有着清晰的认识和坚定的信念，具有职业意识，才能形成正确的职业价值观。劳动者在思想层面的素质是职业思想素质的基础。

从职业品质层面看，主要包括基本的职业品质、职业习惯、职业目标等。职业品质作为劳动者在工作过程中形成的一种特殊的行为方式和特征，它直接关系到职业工作的完成程度与成效，也是职业劳动者成功的重要保障。为人类医药健康做贡献，是药学从业人员持续做好本职工作的强大动力。药学从业人员养成认真细致、精益求精的行为习惯，将会对未来工作产生重要的影响。

从职业道德层面看，职业道德是职业生涯中最根本的准则之一，它对从事职业的人来说，是不可或缺的，只有具有最基本的职业道德，才能在工作中以此来约束自己的行为并指导自己的工作，最大限度地降低工作差错，确保工作高质量完成。此外，良好的职业道德还能够激励职业劳动者自觉认真地学习职业技术，提升职业素质，为做好本职工作奠定坚实的基础。

（二）职业理想特性

职业理想具有差异性。药学生的事业发展和内容是多样的，职业理想也是多样化的。药学生的思想道德品质、知识结构、能力水平和兴趣爱好等都影响着其职业理想的确立。一个人的政治思想意识、道德修养水平和人生态度是影响其事业发展的重要因素。而知识结构和能力水平决定了其职业理想的层级和方向。此外，个人的兴趣爱好、气质性格等非智力因素以及性别特征、身体状况等生理特征也将影响着一个人的职业选择。因此，职业理想具有一定的个体差异性。

职业理想具有发展性。随着年龄的增长、社会阅历的增加、知识水平的提高，药学生职业理想的内容会因时因地因事变化，如进入新的领域或获得某项技能、从业的工作岗位变动等都会使其职业理想由朦胧变得清晰，由天真变得理智，由波动变得稳定。此外，职业理想的发展性还体现在横向发展方面，职业的横向变动，工作内容的改变和对职业的不同理解，都会使其职业理想发生转换。

职业理想具有时代性。职业理想的变化是与时代同行的。社会分工、生产关系转变、职业变迁，对一个人的职业理想都会产生很大的影响。由于生产力和生产关系的转变，社会实践的深度、广度各不相同，职业追求的目标也就各不相同。职业理想是一种特定的生产方式及其在社会生活中所产生的在社会地位、社会声望等方面的反映。

职业理想是与职业相关的思想道德素质的总合。从社会学的角度看，社会全体公民在社会道德上具有较大的一致性要求，即各环节和层级的人群都有详细而又具体的道德要求，职业道德也是同一道理。这个基本的要求就体现在公民基本道德规范上，即爱国守法、明礼诚信、团结友善、勤俭自强、敬业奉献。但是，由于职业的多样性和特殊性，在社会群体，尤其在职业群体中，他们在具备社会公德的基础上还需要具备和职业相关的思想道德素质，如职业品德、职业素养、职业思维等。一个人只有具备了作为公民所需要的思想道德素质，才能成为合格的公民。同理言之，一个劳动者只有具备了职业劳动者应该具备的思想道德素质，才能成为合格的劳动者。

（三）职业精神的内涵

对于职业精神的内涵，应从职业意识、职业品质、职业价值观、职业目标、职业信念等几个层面予以阐释。

1. 职业意识层面

职业意识是对职业劳动的认知、评价、情感与态度等各种精神因素的总和。职业意识表现在法律、法规、行业自律、规章制度等各个方面。职业意识具有一定的普遍性，同时也具有一定的行业特性。职业意识主要包括敬业精神、责任意识、服务意识和团队精神四方面的内容。

爱岗敬业是指我们要以尊重和认真负责的态度来对待自己所从事的行业。专注、认真、负责，是一种带有明显的自我约束和自我指导的行为，它主要体现在行为、意识和素养三方面。敬业的人，对自己的职业行为和职业发展有着严格的要求。具备了这样一种精神，不管在哪一个行业，都能体现出为事业鞠躬尽瘁、无私忘我的积极态度。

责任意识。它是指个体对自身和他人、对国家、对社会负有责任的认知、感情和信仰，并在此基础上，自觉地遵守准则、承担责任并履行义务。作为一名职业劳动者，要认真地承担起自己的职责，这是成为一名优秀的职业工作者的先决条件与依据。

服务意识是一种理念和愿望，即为他人提供热情、周到、主动的服务，以满足他人的实际需要和潜在需要。服务观念是一个宽泛的范畴，其既有内部个人的需求和能力支持，也有外在的竞争压力。对一个企业来说，服务意识并不只是为外界的群众服务，它还体现在一个单位内部管理和相互服务之中，从上层到下层，各级职业劳动者以及各劳动者之间，每个人都要有服务意识。

团队精神。它是一种以大局为中心，以团队为中心，以集体利益为核心的精神准则和行为指导。团队精神建立在尊重个体利益与成就的基础上，以团队协作为核心，以集体成就为最高境界。它体现了个人利益与整体利益的统一，从而进一步促进社会和谐发展。

2. 职业品质层面

从广义上讲，职业品质就是人们通过言行举止所表现出来的思想品格、认知等方面的本质特征。职业品质就是职业劳动者在工作过程中所体现的思维方式和性格特征，是一名职业劳动者必须具有的基本素质，只有这样，才能提升其工作效能。基本的职业品质主要包括职业良心、耐心细致和大局意识三方面的内容。职业良心是指职业劳动者在其职业劳动的过程中所培养出来的道德责任心和道德自我评价的能力。它是职业劳动者职业道德的理念、情感、意志、信念在个人意识中的结合体，也是一种自我约束和自我教育的行动规范。有了职业良心，劳动者就能在工作中有意识地控制自己的行为，妥善处理好工作中的各类关系，更好地履行自己的职责。耐心细致指始终以一种平和的心态去做事情。耐心、细心意味着能够以一种严谨的态度去做事，这也是从业工作者的基本素质。所谓大局意识，就是要以全局的眼光来看待和解决问题，不计较眼前得失，这样才能获得长远的、广泛的利益。职业劳动者要有这种大局观念，才能从整体上把工作做好。

3. 职业价值观层面

职业价值观是指个人对自己的生活目的、生活态度的具体体现，即个人对自己工作的认知、态度，对自己工作目的的追求与渴望。理想信念和世界观对职业发展的作用主要表现为职业价值观。俗话说“人各有志”，表现在职业选择上就是职业价值观，它是一种具有明确的目的性、自觉性和坚定性的职业选择态度和行为。个体在生理和心理状况、年龄经历、受教育程度、家庭氛围以及兴趣爱好等因素的影响下，对各类职业的主观评价也不尽相同。从社会角度看，因为社会分工的发展，以及生产力发展的滞后，各类职业无论在工作的内容、工作的难度与强度、工作的条件与报酬，以及所有权的稳定程度等方面，都是不同的。此外，由于传统思维方式等因素的作用，各种职业在人们心中的声望和地位也是有“好”有“坏”的，这种评价构成了一个人的职业价值，它会对一个人的工作方向和特定的工作职位产生一定的影响。每个职业都有自己的特点，每个人对职业内涵都有着自己的理解，这就是职业价值。职业价值观是一个人的职业预期，它关系到一个人的生涯取向、事业目的、工作态度、工作表现以及生涯发展。什么是好的职业，选择什么样的工作最合适，工作有何意义？上述问题都集中体现了职业价值取向。

4. 职业目标层面

职业目标是指个人在选择的职业领域里，在将来的某个时间点上要实现的特定目标，是职业理想的阶段性锚点。职业目标包括短期目标、中期目标和长期目标。职业目标和人生规划具有较大一致性，短期人生规划和短期职业目标总是在某个时间段发生交叉，并处于相同的方向上，中期目标和长期目标亦如此。在通常情况下，个人的生活和长远目标应该是由个人的职业、性格、气质、价值观和社会的发展方向来决定的，将生活和长远目标区分开来，并按照个人的经验和所在的组织环境来设定对应的中长期目标。在明确了上述各类职业目标之后，接下来要做的就是为达到这些目的而制订相关的计划和步骤。这一过程中较为重要的行动方案有职业生涯发展路线的选择、相应的教育、培训计划的制订等。

5. 职业信仰层面

信仰是指个体或群体对某种抽象概念或具体事物长期、稳定且不易改变的信任和崇拜。概括来说，信仰是个人对人生观、价值观和世界观等的选择和持有。在职业领域，也有着职业信仰，它是人们对生活、价值、世界观等的一种抉择与把握。职业信仰是劳动者对于自己所做的职业的尊敬，它是劳动者的人生观、价值观和世界观在职业生涯中的反映，通过将职业道德、职业目的和职业价值观融入劳动者的心灵中而产生的一种职业感情。职业信仰的建立并不是那么容易，它需要自我不断积累和发现。每一位从业人员都要有自己的信念与执着，并以此为其职业准则。唯有如此，才能做到心无旁骛，不失本心，达到自己职业发展的理想目标。信仰是人类的心灵支柱，它能给人类以永久的意义，从而使得生命更加有意义、有价值。个体的信仰决定着个体的发展，而职业信仰则决定着个体的职业发展。职业信仰的建立，对于个体的职业发展以及个体的生命发展，都有着举足轻重的地位。

三、职业行为习惯

行为习惯是一种日常行为，常以重复性、规律性为表达形式并被他人获取，这种行为方式往往是日积月累形成的应激反应，而职业习惯就是劳动者在长期的职业劳动中养成的工作规律。良好的职业习惯在职业教育和职业素养中必不可少，是构建一支高效、强力和可持续发展的高素质队伍的集中表现。职业劳动者，在工作中要清楚自己的职业职责，按照工作的特定需要，把自己的工作做好，完善工作方法，保证工作质量和工作效率，这是对自己工作的一种负责态度。作为一名药学生，要培养优良的学风，即保持一种良好的精神状态，对任何新的变化有清晰的认识和积极主动的学习态度，以应对变化带来的风险，在任何时候都要保持一种向上的精神状态。做好目标管理，给自己的学习和职业计划制订长期、中期、短期的目标，将目标分解成年度、季度、月、周、日，明确具体工作内容，这样可以更快地达到既定目标，从而实现职业价值。

四、职业技能

根据中国职业规划师协会的定义，职业技能是按照国家规定的职业标准，通过政府授权的考核鉴定机构，对劳动者的职业知识和技能水平进行客观公正、科学规范的评价与认证的活动。职业技能，是学生在未来工作中需要掌握的技能。药学生具有较好的专业技术水平，是其成功就业的先决条件。

药学专业学生需掌握扎实的药学理论基础，包括有机化学、无机化学、药理学、药物分析、药剂学及临床药学等核心课程知识。应具备的职业技能包括药物研发与设计能力、药物分析技能、药剂制备技术、临床用药指导能力等，同时还需具备良好的沟通协作能力，与医生、患者及医药企业保持有效沟通，以及持续学习与创新精神，紧跟药学领域最新进展，推动药学实践与科研发展。

第三节 药学生职业素养的价值

药学专业素养是医学院校学生在专业理论和实际操作中，主动探究各种问题而形成的一种独特的综合素养。药学生的专业素质，本质上不是一个简单的知识系统，它是专业态度与专业思维素质的综合体现。药学生的专业素质与其未来的发展密切相关，其重要性不言而喻。主要表现在以下几方面。

一、坚定药学生的职业信念

药学专业职业信仰是药学生对自己所从事的专业理论、理念或观点的一种认同和肯定。坚定药学生的职业信念需要在不断深化专业认同和理解、树立崇高理想追求、参与社会实践活动、持续自我提升以及强化职业道德等多方面的努力。要让学生认识到药学在保障人类健康中的重要作用，从而激发其对专业的热爱和责任感，培养高度的责任心、使命感和职业道德操守，为公众健康保驾护航。可以说，职业是一项有目标、有规划、有组织的长时间活动。药学生的专业信念和职业素养的高低，不仅影响着他们的工作积极性，还对他们的职业发展方向产生直接的影响。

二、开阔药学生的职业视野

提升药学生的职业素养，可以将药学生的职业目光指向广阔深邃的知识和多元的思想范围。药学生的职业视野越开阔，思想就越全面、深刻，其职业实践也就越有意义。药学生的职业视野应以多元博学的思想知识为基础，立足实际，纵览古今，把握当前，放眼世界。须从两方面着手，一是深刻理解中华优秀传统文化的内涵，二是要有跨文化的学术视野。文化价值观念的转变，是对传统文化资源进行传承与创新的先决条件之一。提升药学生职业素养可以帮助药学生拓宽视野，在时代发展进程中创造出新的符合时代潮流的职业模式。职业素养需要培育富有朝气和活力的职业理念，积极抓住时代脉搏，在不同的研究对象、不同的实践活动中，形成对问题的独特认识和看法，进而完成职业观念的转变。当然，职业观念的转变也是一个动态的过程，药学生在转变自己的职业观念时，必须以深刻的思想认识和职业技能为基础，综合考量各个方面，建立起不同程度、不同水平的职业概念。

三、启迪药学生的职业智慧

对药学生来说，较高的职业素养可以使药学生的职业意识更加清晰，职业风格更加鲜明，能够透过复杂的职业现象，看清事物的本质，拥有相应的智慧、能力和勇气，他们以此来掌握职业工作的精髓，推动个人职业的发展。具备良好职业素养的学生，往往能够在繁杂的职业领域中抓取核心要点，并借此促进职业的进一步提升，从而适应时代的变化。如果只是按部就班或者按照别人的思想去机械模仿、简单重复，容易陷入“事务主义”中去，缺乏创新能力和干事业的能力。在此种情况下，会使从业者感到职业发展与其目标具有较大差距，使自己疲惫不堪、应接不暇。在实践中，具有良好职业素养的劳动者，往往不是单纯提升个人技术，而是通过技术的升级挖掘职业潜能，达到职业理想的目的。因此，职业智慧是药学生取得事业成功的关键，应将理论与实践结合，鼓励学生跨学科学习，促进医药融合创新，使药学生成为既有深厚的专业知识，又具备前瞻视野和社会责任感的未来医药领域精英。

四、发展药学生的理论思维

理论思维就是以事物的内在规律为基础，以辩证思维与逻辑思维相结合的方式，进行创造性思考。唯物辩证法的辩证思维是指导药学生职业发展的理论精髓。发展药学生的理论思维是一个系统性过程，需从多个维度综合施策。一方面要强化基础知识教育，引入案例教学与问题导向学习法，引导药学生在解决实际问题的过程中深化对理论知识的理解与应用，确保药学生对化学、生物学、药理学等核心课程知识的掌握。另一方面，鼓励批判性思维，培养药学生对既有理论的质疑与探索精神，学会从不同角度审视问题，提出新见解。同时，强化信息素养教育，引导药学生掌握文献检索、数据分析等技能，能够快速获取并评估最新的科研成果，紧跟学科前沿，不断更新和完善自己的理论知识体系。

第三章

药学生职业素养提升途径

第一节　学校教育

学校教育应从优化课程体系、强化实践教学、实施导师制、完善评价体系等多方面入手，有效提升药学专业学生的职业素养能力，为社会输送更多德才兼备的高素质药学人才。在教学过程中，融入思专创融合的理念，深入挖掘专业课程中的医德元素，将职业道德、法律法规、药事管理等内容融入课程教学，通过专题讲座、案例教学、小组讨论等形式，增强学生对行业规范与责任的认识，注重培养学生德智体美劳全面发展。

在人才培养方面，应着重以市场和社会需求为导向培养学生，使培养出来的学生能为社会所用，同时将职业素养纳入学生综合评价体系，通过自我评价、同伴评价、教师评价及实习单位反馈等多维度评价方式，全面反映学生的职业素养水平，并以此调整教育策略，形成持续改进的良性循环。

营造积极向上的校园文化也是提升药学生职业素养的重要途径。培育优良学风和校风，鼓励学生勤奋学习、勇于探索、追求卓越，为职业素养的提升奠定坚实的思想基础。通过举办药学文化节、技能大赛、艺术文化活动，增强学生的专业认同感，提升综合素质能力。通过邀请行业专家、优秀校友分享经验，树立典型，激发学生的职业热情和社会责任感，促进学生树立正确的职业观和价值观。

实践教学是药学专业人才培养的一个重要方面，通过建立校企合作基地，为学生提供在药企、医院药房、药检所等单位实习的机会，让学生在真实工作环境中学习专业技能，体验职业责任，提升解决实际问题的能力。同时，通过实施导师制，为药学生在学习与职业规划、职业道德等方面提供精准指导，形成全方位、持续性的成长支持体系，促进学生职业素养的个性化发展。

第二节　家庭引导

对药学生来说，家庭教育是最早、最持久、影响最深远的一种教育，家庭教育对药学生的职业素质有着潜移默化的影响。要发挥好家庭教育的作用，将学校教育和家庭教育有机结合起来，重视家庭教育在药学生职业素养培育中的重要作用。

一是良好的家庭教育有助于药学生树立正确的世界观、人生观、价值观，而正确的世界观、人生观、价值观对药学生专业思想品质的培养具有十分重要的意义，没有正确的世界观、人生观、价值观支撑，药学生的专业思想品质就不能提升。

二是要营造良好的家庭氛围，使药学生树立起正确的职业理想与信念；在医学院校中，家庭教育对药学生的职业目标和专业信念起着很大的作用。父母只要确立了正确的职业目标和职业信仰，就能积极引导药学生的职业目标和职业信仰，从而使药学生建立起正确的职业目标和职业信仰。父母的工作态度对药学生的职业理想和信仰有一定的影响。家长对工作持正面、乐观、严肃、负责的态度，会使药学生更有可能建立起正确的职业理想和职业信仰。

三是良好的家庭教育有利于培养药学生的专业素养。个体专业素养的形成是由诸多因素共同作用和制约的。在家庭生活中，家长的一些基本的专业素养，会潜移默化地影响着药学生的基本职业素养。一般来说，家长有一定的专业素养，就会有意识地去培养药学生这些基本的职业素养，这有利于药学生形成良好的基本职业素养。

四是良好的家庭教育有助于药学生良好职业习惯的养成。良好的职业习惯是培养好的职业素养的前提，药学生良好的行为习惯和职业习惯，对提高药学生的专业思想品质具有重要的意义。

第三节 社会实践

作为一个处于社会环境中的药学生，他们的生活和社会是分不开的，他们必然会受到来自社会各个层面的影响。在药学生的职业思想素质培育中，社会教育对其职业目标的确立、职业信仰的确立、职业素质的塑造等发挥着重要的作用。在医学院校中，要重视社会教学在医学院校中的作用。社会对药学生职业思想素质培养的作用主要有以下三方面。

一是社会对职业的评价会影响药学生职业目标和职业信仰的树立。药学生能否树立正确的职业目标和职业信仰，对药学生职业思想素质的培养产生重要的影响。药学生能否树立正确的职业目标和职业信仰，受到了诸如个人对职业的认识和了解、职业的收入水平、个人的兴趣爱好、社会对职业的评价等多种因素的影响。其中，社会对职业的评价在药学生职业思想素质培养中起着非常重要的作用。因此，在帮助药学生树立正确的职业目标和职业信仰的过程中，要注意结合社会对职业的评价来进行。

二是社会道德环境的变化，这在某种程度上影响了药学生的道德修养。职业伦理是全社会道德的一个重要方面，其发生、发展、从业人员的道德水准都受到社会道德的约束与影响。在药学专业教学中，应重视和加强药学专业人才培养。

三是社会环境对药学生职业行为的养成及专业素养的塑造具有重要的作用。职业生活属于人类的社会生活，与社会生活有着密切的联系，人们在社会生活中所形成的习惯和所获得的一些基本品质，必然会被带入人们的职业生活中，对他们职业习惯和职业品质的形成都有一定的影响。在医学院校中，要注意培养药学生的专业思想素质，要注意社会环境对其职业习惯的养成及职业素质的塑造的影响。

实现学校教育和社会教育的有机结合。如果社会教育与学校教育之间沟通渠道不畅通，两者之间的协作与协调就不能很好地发挥作用，这就会影响社会教育与学校教育之间的合作，也会对药学生的专业思想品质培养工作产生不利的影响。因此，为实现社会教育和学校教育的有机统一，要打通社会教育与学校教育之间的联系与沟通渠道：一是走出校门，多组织药学生进行社会实践，以社会实践为纽带，架起学校教育与社会教育之间的桥梁，使药学生在社会实践中提升自己的专业思想素养。二是引进来，即通过举办讲座、与药学生座谈等形式邀请职业和行业中的优秀人物进行经验传授，使药学生能够更好地发展自己的专业思想。

第四章

药学生生命伦理观培育

第一节　生命价值观

（一）生命价值观含义

随着科技的飞速发展，人的主观能力也越来越强，以前只有自然才能影响生活的形态和环境，而现在，人也可以干涉生活，它的作用方式也从一种演化走向一种计划，而人类认可的生活价值观，也在这个过程中不断变化。以生命价值为出发点，在敬畏生命思想的内涵指导下，审视与人类生命科技相关的行为，让人们重新拾起对生命的敬畏之心，这对人们尊重生命、敬畏生命，促进社会健康、顺利、可持续发展具有重要意义。

是否可以把对生命的敬畏视为人生价值的出发点？这需要从观念层面来探讨人生价值，厘清它的含义，这也是从本源视角探讨人生价值的前提。“生命”和“价值观”是与生命相关的两个重要概念。关于“生命”，生命的主体可以为人也可以非人，但根本特征都是相同的，即新陈代谢。生命价值具体表现为以下三方面。

首先，人的人生价值体现在个体对自身的价值追求和自身价值的实现上，具有非常重要的意义。中国古代所提倡的“修身、齐家、治国、平天下”以及“立德、立心、立言”都是在职业发展中对人生价值观的概括性总结，即生命的价值观。自我价值是生命价值的基础，具有独立的生命价值意识的个体，会从自身的种种需要出发，进而对自己的人生理想与生命价值产生种种渴望。正因为每个人的生活都是自己确定的，所以每个人都会给自己确定一个人生的终极目的。就像亚里士多德说的那样，人的天性就是求知，因此，事实上，每一个人都有一个美好的人生理想。对知识的需求和对美好人生的追寻得到了满足，才能体现出个人的价值。在此期间，唯有自身的素质在各个领域都获得了巨大的提高，个体的自身价值才得以体现，从而为国家、社会、人类做出更多的贡献。压抑或者放弃自己的价值观，势必损害人生的价值。

其次，生命的价值体现在家族的延续和人类种族的延续上。从发展的观点来看，个人生命的价值承载着维系家族与族群生存的重要含义。大自然中任何生物的诞生和延续都不可能是一种孤立的存在，群体效应在大自然中着重体现在生命价值的遗传。同理，任何一个人的生命都必须来自他的父辈，或者来自他更遥远的先辈。在任何一个国家，每当有一个新的小生命诞生，家长们都会有一种说不出的高兴和兴奋，这是由于子女代表着家长们的期盼，也代表着他们的人生价值。同样，在对先人的追悼与纪念中，人们也能深切感受到个人漫长的人生。就是在这样的家庭传承过程中，个人的人生不仅要认识到祖先生活的延续，而且还要为了子女的生存而努力，让自己的人生价值得以传承。也就是说，作为一个种族，所有人都有责任让自己的种族延续下去。在这样一种生存观念的驱使下，人们尽可能避开战火，保护自己的生态。因此，要实现人生价值，就必须要促进个人的不断存在与发展，只有如此，个人有限的生命才会被赋予无穷的意义，从而实现人生的最高价值。

最后，人生价值观表现为个人生命价值在继承与创造自己的民族文化中所具有的价值与意义。因此，生命价值观的本质仍然受历史和文化基因的影响。生命价值不仅具有时代特征，而且是由一个国家的历史和文化传统所积累的。一个人生长于自己国家的文化传统之中，并且不可避免地要继承这个国家的文化生活。优秀的、正面的民族文化成分，是经过了许多代人不懈奋斗，才有的丰富的精神财富和文明结晶。这个古老的国家的历史与文明，将会是个体人生提升与发展的出发点。一个人生于一个国家，生命延续的历史，尤其是他的文化、宗教、信仰、价值观等方面的历史文化传统，都会对其产生作用，但作用的大小是不同的。就连那些试图从历史传统中解脱出来的人，也无法彻底抹去他们的印记。所以，个人生命的价值也应体现为对自己国家文化传统的继承，对其中好的部分进行继承，对其中一些不好的东西予以抛弃。中华文明有着悠久的历史，它是由众多先辈的继承与革新所决定的，因此，在历史上，有很多先驱者，为民族文化的继承与创新贡献了自己的一生，他们也通过这种方式，在传播民族文化的过程中，实现了自己的人生价值。

（二）生命价值观培育

我们对生命的认识，必须从现实生活的角度出发。积极的生命价值观教育，要充分激发个体的生命意识，提高个体解决人生命延续问题的能力，从而使生命价值得以真正体现出来。在进行生命教育时，没有逆境和磨难，是不可能创造和完成生命价值的。人类的生命，正是经过了艰难困苦，才能更好地体现其自身的价值。一个人，即使没有达到世俗的成就，没有对社会做出什么重大的贡献，也没有什么物质上的积累，但是，在困苦之中，只要他能坚守自己的品格，显示出顽强的灵魂，捍卫普通生活的尊严，那么，他的生命就具有了一种神圣而又威严的意义。在汶川大地震的时候，人们不但深刻体会了生命的脆弱，也见证了生命的力量，只有在巨大的灾祸降临的那一刻，人类才会真正认识到自己的存在，而在其他时候，它只会以生命的形式出现，会被漫长而琐碎的时间掩盖，以至于我们忘记了它，因为它只是一种形式。因此，培养正确的生命价值观，并不单单在于对积极生活状况的赞同，同时也在于对健康、幸福、成就、地位、名誉等的评价。其实，我们更需要注意的是，我们生活中很多消极的东西，如疾病、痛苦、挫折、灾难、苦难、贫困、死亡等。本质上来说，在生存和生活中的困难、挫折、逆境和苦难，更能锻炼一个人的生命韧性，让人能够更好地为自己的生存和理想的实现而拼搏，也唯有那些经历过逆境和苦难的人，才能显示出坚韧的生机和高尚的人类的力量。只有在逆境与磨难中成长起来，才能使人懂得感恩生命，懂得生命的价值。在创造与实践中，要时刻有一个良好的思想状态和意识、长远的眼光、坚强的意志以及一种对人生的乐观的态度。在遭遇不幸或痛苦时，要主动面对，即使实力弱小，也要全力维持适当的积极状态。

在对学生进行生命价值观的培养时，我们也要意识到，生命价值的产生与实现应当以个体获得幸福为前提。当今社会，人人都在为自己的快乐而努力，快乐的人会对自己的生命感到满意，而颓废的人则会对自己的生命感到失落，甚至于意图结束生命。换句话说，一个人想要实现生命的价值，只有在别人给他带来益处的时候，他才能收获生命的价值的反馈。人的生命价值不能只局限于自己的需求，因此，经历了逆境和苦难，人们才会变得成熟，才会更加珍惜生命，更加明白生命的价值和意义。在创造和实现生命价值的过程中，人们要始终保持良好的心态，做人做事要有长远的眼光、坚定的意志和豁达的生活态度。

第二节 动物实验伦理

实验动物（laboratory animal）是支撑生命科学研究和发展的重要基础和关键条件，现代医学和生命科学的起源和发展很大部分是基于动物实验的研究结果而来的。生物医学发展到今天，人类对生命的认识深入到了分子水平；我们战胜了天花等疫病，在结核、肝炎、艾滋病等重大传染病的防治方面也取得了长足的进步，癌症的攻克又近了一大步，器官移植等复杂手术的发展、各类新药和疫苗研发等方面的进展也突飞猛进；现代生物医学已被推上了前所未有的高度。这一切的进步都离不开一个默默献身而无法为自己发声的群体——实验动物。

动物实验伦理原则是关于处理动物实验中可能出现的道德问题的一系列准则。它是以人对动物的尊重和对动物权利的尊重为基础的，旨在确保动物在实验过程中得到最佳的照顾和保护。动物实验伦理的基本原则是，任何使用动物的实验必须符合相关国家和地区的法律法规，遵守动物实验的基本原则，包括必要性、有效性、必要的福利和照顾、实验期间对动物的尊重和保护。

必要性。在医学研究的道路上有很多未知的危险物质，想要确定这些物质的危险性就需要通过大量的实验来证实，在未确定安全性的前提下就直接进行人体试验是不人道的，因此我们需要动物实验进行支撑。

有效性。随着研究的发展，科学家发现人体的复杂程度令人惊叹，同时也发现，许多动物的器官和功能与人非常相似，因此他们成了完美的实验对象。比如，老鼠的基因组成与人类的相似度能够达到90%以上，能够以大致与人类相同的方式完成生理功能，同时它们会患与人类类似的各种疾病，因此人类可以通过动物实验来模拟人类的生理活动及疾病发生和发展的过程。

必要的福利和照顾。在动物实验中，我们不仅要关注实验结果的准确性，还要关注动物的权益和福利。动物实验的伦理原则是指在进行动物实验过程中，应该遵循的道德准则和伦理规范。这些原则旨在保护动物的权益和福利，确保实验结果的准确性和可靠性，同时尽量避免给动物带来的伤害和痛苦，包括提供适当的居住环境、保证动物的营养和健康以及满足它们的基本需求。动物福利直接关系到实验的准确度与可信度。保护实验动物的福利，就是要使实验动物身心健康、生活舒适、无病痛。当动物受到压力、害怕或出现应激时，实验的结果就会变得不可信，或者出现误差。实验效果不佳，实验动物的作用得不到很好的体现，就要进行多次实验，增加了不必要的损失。只有保障实验动物福利，才可以获取科学、准确、可靠的实验结果。通过科技伦理理念的融入，可帮助学生树立科技伦理的意识，为今后开展动物实验相关科学研究奠定基础。此外，我们还需要关注动物的心理状况，确保它们在实验过程中不会感到恐惧、焦虑或痛苦。

实验期间对动物的尊重和保护。在进行动物实验时，我们应该尽量减少对动物带来的伤害和痛苦。这可以通过选择合适的实验方法、使用低副作用的实验材料和避免不必要的操作来实现。动物实验对于人类疫病研究有着重要作用，在确保实验顺利进行的前提下，我国对于实验动物也出台了相关伦理保护规定。在使用动物进行实验研究过程中，我们应确保动物保持良好的健康状况，这对于获取精确的实验数据十分重要。同时，我们应遵守“3R”原则（优化、减少、替代），在保证研究结果的同时为实验动物创造一个好的实验与生活环境。

第三节　敬畏生命观

生命伦理学家、诺贝尔奖获得者阿尔贝特·施韦泽（Albert Schweitzer）提出了著名的“敬畏生命”伦理观，要求人不仅要敬畏自我的生命，更应当敬畏他者的生命，敬畏生命，敬畏自己的存在。[①] 敬畏生命，自我奉献地敬畏别的存在，这两方面密切相关；人不仅要敬畏“自然的生命”，还要敬畏另一种“精神的生命”，由此推而广之，人应当敬畏一切生命，不仅包括人类，也包括一切动植物的生命。

（一）敬畏生命将伦理的范围扩大到所有生命

“敬畏生命”的理念把范围进行了扩大，从直观的人扩展到所有生命体。对于敬畏生命，当个体将生命表达为神圣存在的情况下，才是具备伦理的概念。体验生命的个体无限责任，就会为生命的伦理思想奠定基础。人与人之间的伦理规范绝不是孤立存在的，而是由人类对所有生命的共同行动而产生的。如果没有对生命的尊重，不敬畏生命，就会造成生命价值和生命意识的分裂，不但伤害了动物的生命，还会对自己的同胞冷漠，对他人生命的不尊重，把自己的快乐建立在他人的痛苦上。一些学者宣称，当今人类的价值观正由人类中心论转向生物中心论，我们姑且不论这样的说法是对是错，但是从这个角度来看，人们已经把生命体的生命状态纳入人们的视线之中，并且在一定程度上给予了很高的评价。对生命的敬畏，是对人类的一种更高的追求，是对所有生命的尊重，也是对生命的一种珍惜。

---

① 施韦泽．对生命的敬畏［M］．陈泽环，译．上海：上海人民出版社，2007.

（二）敬畏生命肯定了道德责任的无限性

所谓道德责任，是主体对其选择的行为的善恶及价值所应承担的责任。敬畏生命就是将道德责任进行拓展，个体在群体中放弃生命是不被支持的，抑或被批评和谴责的，因为敬畏生命在道德责任的范式中是必有之意。因此，人天然担负着摆脱其他生命痛苦的责任，人不能将道德责任推给其他生物，敬畏生命正是体现了人类的担当，是人类积极主动承担道德责任的体现。其实，敬畏本身就是道德责任的升华，反过来，由于对生命的敬畏之情，道德主体对万物生灵的责任感也会油然而生。

（三）敬畏生命肯定了生命的平等

在自然界发展过程中，生命体的延续，尤其是人类生命的延续需要消灭一些其他生物已获得或存续的资源。我们是否需要对这些生命体进行价值排序，抑或认为这些生命体无关紧要？对于生命价值的划分，在日常生活当中往往是根据个人的经验或者群体的意志进行分类和价值尺度的衡量。认为有些生命不具有价值，甚至具有负价值，这是人类中心主义的体现，在生物发展史中，除了天灾，生命体对其他生命体的伤害主要是为了获取资源延续生命，而人类发展史之中，消灭其他生命充满着非自然因素的目的，将别的生命作为满足自身的某种需要而肆意处置，如印第安人大屠杀等。与动物相比，有意识的人类是地球上最美丽的花朵，但是，这种差别并不意味着人在自然面前可以为所欲为。敬畏生命告诉我们，生命是神圣的，生命至上，敬畏生命会使道德主体始终秉承生命高于一切的理念，每个个体的生命都是平等的，在可能的条件下，都应受到相应的尊重。

（四）敬畏生命对学者提出了把生命的一部分奉献出来的要求

敬畏生命的伦理不允许学者只献身于他的科学，尽管这对科学有益。它也不允许艺术家只献身于他的艺术，尽管他因此能给许多人带来美。在生命科学与技术飞速发展的今天，“尊重生命”应当是每一位医务工作者、临床工作者永远不变的价值观。

总之，敬畏生命就是把生命摆在首位，它需要伦理主体以一种平等的态度对待生命，对生命承担无穷无尽的义务和责任，它真实地表现出了对人类生命的浓厚情感，尽管这是一种价值理念，但是它也是一种非常有价值的生命尺度，值得我们进行伦理研究。

第五章

药学专业基础技能

随着经济的发展和产业结构的改变，社会对药学专业人才培养的要求更为严格，药学专业相关职业岗位变得更加多元化，因此要求毕业生应具备扎实的基础知识、熟练的专业技能和富有创新思维能力。

第一节　什么是专业技能

专业技能是指求职者所具备的职业技术水平及能力，在求职简历中占有非常重要的一部分，是企业方感兴趣且关注的一部分。所以求职者一定要如实详细地填写自己职业技能方面的资料，将自身的综合能力展现给企业，让企业更加了解求职者的能力及职业素质，增加求职成功机会。专业技能亦称职业资格，即国家职业资格证书，这是劳动从业者具有从事某一职业所必备的学识和技能的证明。它是劳动者求职、任职、开业的资格凭证，是用人单位招聘、录用求职者的主要依据，也是境外就业、对外劳务合作人员办理技能水平公证的有效证件。

药学人员在职业活动中，不仅要有扎实的理论知识，还要有精湛的药学实践技能，只有这样才能成为德才兼备的药学人才和优秀的药学工作者，承担起“善药济世，怀仁笃行”的光荣使命。在高等药学教育中，药学生必须掌握扎实的专业技能。

第二节　药学生需要掌握的专业技能

药学是一门实践应用型学科，学生需具备极强的专业技能和实践操作能力，以胜任药学专业工作和科学研究。通常，药学生需具备以下专业技能。①

一、专业基础知识

药学有着系统而丰富的理论体系，药学生未来从事的工作与药品及患者息息相关，全面掌握专业基础知识是药学生从事医疗相关工作的必要前提和基本条件。这要求学生珍惜宝贵时

---

① 边瑞芳．基于国家教学标准的地方特色药学人才培养目标设置［J］．中国标准化，2023（10）：164-167.

间，拓宽知识视野，完善知识结构，精通专业基础知识。这既是对在校学生顺利完成学业的基本要求，也是药学生适应今后职业发展的需要。药学生需先掌握书本基础药学知识，然后积极参与药学实习，接触真实的用药案例，结合理论知识与实际操作，提高自身合理用药水平。此外，药学生可加入一些学术组织，参加行业内的学术会议和研讨会，与专家学者交流，了解最新的药学技术和研究成果，拓宽视野。同时保持积极向上的心态，不断学习新技能。药学特殊之处在于，其不但要求药学生专业知识扎实，还需要拥有足够多的药学实践技能，正因为如此，想要完成从药学生到一名合格药师的转变，往往需要多年的时间。作为药学生，完成专业知识的积累是当下的重中之重，因为只有这样，才能为将来的药学职业道路打好基础。在校期间，药学生需要在前三年完成相关的必修课程，而实验技能大多在实验室进行，与患者接触的机会不是太多。所以在这个阶段，药学生要全力完成自己的课程学习，学习专业知识，积累足够多的药学技能。在大四、大五两年时间里，大部分药学生会在医院进行不同时间段的见习和实习，与此同时，还需要修读部分课程，但学生的重心已经从课堂转移到了药学实践，这也是药学生药学技能提升最快的一段时间。药学生需要做的就是虚心求教，认真对待每一次培养药学技能的机会，为自己将来走向药师相关岗位打好基础。

二、实验操作技能

药学生需掌握基本的药学技能，如调剂和药物分发。药学生需具备高超的药物应用能力，以精准治疗患者的病情，且应熟练操作各类药学实验设备，准确、迅速地提供建议。另外，药学生不仅需具备药学诊断知识，还要了解各类疾病的分类、药理学表现和治疗方法，以拓展自身的知识面。药学专业人员需要准确判断患者药物使用情况，执行准确的用药方案，以提高疗效，保障患者安全。

三、培养药学思维

培养药学思维主要涉及两方面，一是病人的药物治疗，二是合理用药。对药师来说，懂医精药是最主要的，因为正确的药物是治疗疾病的基础，治疗是建立在合理用药的前提下的。智慧来自反复认识和实践，追求真实是每位药师的基本守则，但做到求真并不容易，需要观察，需要实践，也需要坚持，同时需要药学生有多学科意识，对于本专业以外的领域也要有所关注了解。药学生培养药学基本功也非常重要，在药学工作中，一定要善于动脑筋，细致观察，不放过任何一个细节、线索或反常的现象，进一步分析、思考、梳理出答案。要做到这点需要不断学习，积累经验，提高悟性，加上哲学思维，才会逐渐锻炼成才。①

四、药学职业道德

药学生需要遵守医疗伦理规范和职业道德，保护患者的隐私和权益，具有高度的职业操守和责任心。药学学科的复杂性远大于其他自然学科，其服务的对象是人。随着时代的发展，药学生职业道德的重点培养，既能适应新时代对高素质医疗人才的需求，又能缓解医疗领域的药学人才供需矛盾，在多元化、多极化的世界格局中体现其时代价值和现实意义。药学生要始终牢记“健康所系，性命相托”的医学生誓词，培养良好的医德医风，要自觉树立“全心全意为患者服务”的意识和“患者利益高于一切”的信念。在日常的学习和生活中，要努力做到举止文明、热情大方、言谈得体、富有同情心、尊重和关心患者，并能够自觉抵制医疗行业的不正之风。②

五、药学人文关怀

药学生需要具有强烈的人文关怀意识，关注患者的身心健康状况，尊重和关怀患者的权益和感受。现在的药学已经不仅

① 王玲，姚远兵，刘颖，等．结合用药分析探讨临床药师的药学思维［J］．中国药房，2010，21（10）：958-960.

② 申蕾，马莹慧，韩丽琴．药学专业学生职业道德教育的探索［J］．吉林医药学院学报，2021，42（6）：469-470.

仅是一门单纯的自然学科，更是一门综合性的学科，不但要治愈患者的身体疾病，还要了解患者内心的心理、精神状态，保障患者的心理健康。现代药学理论赋予药学更多的责任——发扬药学的人文精神。当今药患关系矛盾层出不穷，学会站在患者的角度可以增强药学人员的职业道德感，缓解药患矛盾，促进社会和谐。药师职业崇高而神圣，它不仅要求药学具备精湛的技术，还需要具备高尚的职业道德，拥有爱心。面对病患，药学应该从生命的本质去关心和尊重患者，给予患者足够的爱心和耐心，使患者对药师充满信任从而积极配合治疗，可以化解药患矛盾，减少药患冲突，促进社会的和谐发展。药学的发展是人类进步和社会文明的重要体现。医疗技术在不断发展的同时，还需要药师和患者的相互尊重、沟通交流、共同配合，一起实现药学的人文价值。药学模式的变革已经深深改变了现代药学的教育发展和实践，在药学的教育中既要重视科学能力和科学精神的结合，还需要促进人文素质和人文精神的塑造，这是培养现代具有合格药学精神的药学人才的必由之路。现代药学发展必须将药学科学精神和人文精神有效结合在一起，对药学工作者来说，积极培养药学科学精神和人文精神是具有良性效应的。药学工作者应不断积累专业知识，以及将医疗服务人文精神贯穿于药学工作的全过程。

六、自主探究能力

拥有自主学习能力，具有探索和发现新领域的精神。所谓自主学习，是指以药学生为学习的主体，本着对自己和社会负责的态度，积极、主动、自律、有计划、有选择地学习。药学生在学习相关专业时，应该善于自主学习，这对于提升学习效果和学习成绩有着重要的意义。① 在大学阶段里，学生除了要掌握本专业的专业知识及专业技能，还要掌握一些非专业技能，这对学生进入职场和社会都大有裨益。那么，有哪些非专业技能是不可或缺的？

一是沟通交流能力。药学不单纯是一门经验科学，它更是一门人学，要想做一名好的药师就必须先做一个有同情心和责任心的人，然后才能迅速提高沟通技能和医疗技能。这就是广州医科大学钟南山院士经常强调的做人和做事，先是做人，然后才是做事。只有培养药学生用心沟通的技能才能调整药患关系，缓解药患矛盾，为构建和谐社会做出努力。医疗的对象是人，无论是面对患者还是家属，抑或同事之间，在医疗过程中正确有效地沟通能够避免很多不必要的纠纷。沟通需要情商，能够体察对方的想法，并且采取恰当的说服方式。

二是文献检索能力。文献检索能力是药学科研人员的必备

---

① 张玲．专业能力导向视域下大学生职业能力的培养［J］．山西青年，2023（24）：160-162.

技能，药学人员需要在成千上万的文献中找到研究所需的文献并从中提取重要信息，还要做到全面而精确。医学院会专门开设这方面的课程，其目的是让药学生学习使用现有的数据库，以及学习从各个渠道获取资源。建议掌握“PubMed”和“知网、维普、万方”等数据库检索方法。

三是英语学习能力。学好英语或一门外语，可以为未来提供无限可能。英语是当今世界上主要的国际通用语言之一，掌握英语可以跟大多数其他国家的相关人才无障碍交流，同时可以阅读更多英文文献与资料。阅读前沿文献需要英语，参加学术会议需要英语，诊治外国病人需要英语，甚至实验室使用的试剂药品包装上大多是英文说明。目前世界上被 SCI 收录的 8400 多种期刊中，几乎所有医学 SCI 期刊都是英文的。无论是考研升学还是出国深造，具有良好的英语水平都是必备的条件。而大学期间与英语相关的就是大学英语四、六级（以下简称四、六级），有些公司也会把四、六级作为招聘录用的硬性要求，所以在大学期间应努力学习，通过英语四、六级考试。

四是文字表达能力。良好的文字功底和逻辑性在很多方面都很适用，比如，书写实验报告、论文、病历和一些会议记录及汇报等。在实验报告的书写中，重视实验报告的规范化、个性化。在目的、原理部分增加自己的理解。用个性化、规范化的书面语言表达自己的见解。实验步骤部分，应严谨记录自己实际的操作步骤，而不是照搬实验讲义上的步骤；实验结果部分，应重视实验数据的规范呈现、数据分析的规范表达、实验结果的规范书写；对实验数据的分析要用规范的文字，通过个人对数据的分析，总结实验结果并规范表达，力争以科技论文的写作为标准，训练科学规范的书面表达能力；总结与讨论部分，应总结本次实验的所有内容（原理、操作、应用等），结合预习问题的讨论情况，总结自己的薄弱环节，记录实验过程的成败得失，归纳方法学的特点及局限性。充分展示个性化特点，通过自我总结，发挥主观能动性，锻炼主动思考和归纳总结能力。

五是多媒体应用能力。学会使用数据收集工具。数据分析是把隐藏在一大批看似杂乱无章的数据背后的信息集中和提炼出来，总结出研究对象的内在规律，帮助管理者进行判断和决策，以便采取适当的策略和行动。用 Excel 来做数据分析，就是对收集到的数据进行整理、分析和可视化，从而发现数据中的规律和趋势，为决策提供支持。熟练掌握 Excel 的基本操作，以及学会 Excel 的高级功能，能极大提升工作效率。建议学生在大学期间考取计算机二级证书，为以后的职业生涯做好准备。

六是图表处理能力。PS 是软件 Photoshop 的简称，这是一款很实用的图像处理软件，主要处理像素构成的数字图像。PS 既是最普遍、最容易掌握、含金量相对较高的一门技术，又是一个非常强大的软件，用途十分广泛，包括平面设计、影楼后期、广告摄影、网页制作、视觉创意、界面设计等，PS 常用于处理图片、设计海报。当今时代是一个信息时代，计算机技术已经广泛普及，很多就业岗位多少与 PS 有点关系。市场对优秀 PS 设计者的需求量日益增加，而作为当今时代的大学生，学会 PS 技术显然已经成为一项隐性要求。

七是精通 PPT 的制作。在大学的课程学习与实践活动中，经常要用到 PPT 来呈现个人的学习与研究成果，并且在进入职场后，汇报工作时也会用到 PPT 进行展示。PPT 是辅助表达的工具，提前学习 PPT 制作技能可以提高工作效率。通常 PPT 的制作技能在工作汇报、产品介绍、培训课件、宣传策划等工作场合应用较多。

八是良好的身心素质。“救死扶伤、治病救人”是药学生未来的职责和使命，这一职责和使命的实现离不开健康的身体和心理状态，这就要求药学生必须具有良好的身体和心理素质。学生身心素质的塑造应当符合当前社会准则和未来职业的要求。对药学生来说，不仅要有强健的体魄和较强的耐力，更要具有平易近人的气质、坚韧不拔的意志和乐观向上的精神面貌，同时还要有良好的挫折承受能力、自我调适能力和环境适应能力。

九是终身学习能力。书中的思想能够引导你走向未来。人是一个受思想指引的动物，你的思想走到哪里，你就会走到哪里。对于如何读书，我们可以参考华罗庚先生的建议。首先，用慢功夫打基础。读书时先用慢功夫打好基础，再逐步加快进度，这样才能学得扎实。其次，“厚薄”法。华罗庚把读书过程归结为“由厚到薄”和“由薄到厚”两个阶段。当你对书的内容有了透彻的了解，抓住了全书的要点，掌握了全书的精神实质后，读书就“由厚变薄”了。如果在读书过程中，你对各章节进行深入探讨，在每页上添加注解，补充参考资料，那么，书就会越读越厚。因此，读书就是“由厚到薄”，又“由薄到厚”的双向过程。最后，“推想”法。一本书拿到手后，先对着书名思考片刻，然后开始闭目推想：这个题目如果自己来做，该怎么做？待一切全部想好后，再开始阅读。凡是已经知晓的内容，很快浏览而过，专门去读书中那些新的、独到的观点。

在相同的环境和条件下，掌握多种技能的学生往往具有较高的自我要求和学习能力，也更受就业市场欢迎。拥有专业技能并从事相关工作不仅让人充实和满足，还能促进个人职业生涯的发展，并对社会和行业产生积极影响。① 具体原因有以下几点。

首先，具备专业技能并在相关领域工作有助于个人的职业成长。这些技能通过教育和培训获取，为药学生提供了在医药学领域脱颖而出的机会，使他们能够深入研究和了解专业领

① 张志强，张艳，马建国．大学生职业技能培训与就业质量的关系研究［J］．西部素质教育，2016，2（6）：32-34.

域，不断提升知识水平。这种持续学习和发展对于其提高职业素养和竞争力至关重要。

其次，从事专业对口工作可以带来更高的职业满足度。在熟悉和热爱的领域工作时，工作不再仅仅是一种责任，更是兴趣和激情的体现。这种职业满足度有助于提高工作效率和生活质量。研究表明，从事专业对口工作的从业者通常更快乐，更有幸福感。

最后，从事专业对口工作通常会带来更好的职业前景和薪资。具备专业技能的人才在市场上通常更受欢迎，因而他们会拥有更多的机会和潜在收入。而专业领域的工作经验和知识也有助于他们把握职业发展机会，打开晋升的大门。

拥有专业技能并从事专业对口工作虽然伴随一定挑战，如维持技能水平需要不断学习和更新，以及面临竞争激烈的情况。但这些挑战通常是值得的，因为它们有助于保持职业素养和竞争力。

总的来说，拥有专业技能并从事对口工作是一种极具价值的体验，这不仅提高了个人的职业成长和满足度，还对社会产生积极影响。因此，投资于教育和培训，发展专业技能，并选择与之相关的职业，将会是一个明智的决策，有助于其塑造更充实、成功和有影响力的职业生涯。

第三节 如何提高药学生的专业基础技能

在成为一名优秀的药学生，并最终成为一名出色的药学人员的道路上，专业技能的提升至关重要。① 以下是一些建议，可以帮助药学生不断提高他们的专业技能。

第一，建立坚实的基础知识。药学领域成功的关键在于扎实的基础知识。学生应努力掌握药物化学、生理学、药理学等基础科学知识，并能够将其应用到实际的药学实践中。建议通过阅读教科书、参加课堂讨论和到实验室实践来强化基础知识。

第二，积极参与药学实践。药学实践是将理论知识转化为实际技能的关键环节。药学生应积极参与药学见习、实习和志愿者活动，与患者和医务人员密切合作，学习合理用药的技能。

第三，持续学习和自我提升。药学领域不断发展和更新，因此药学生应保持学习的态度，不断追求新知识和技能。建议参加学术会议、研讨会和持续教育课程，阅读最新的研究文献，与行业专家保持联系，以保持专业技能的前沿性。

第四，发展沟通和团队合作能力。在医疗团队中，良好的

① 梁亚男，李霞，姜大巍，等．加强药学生专业技能与职业素质教育的思考与实践［J］．药学教育，2019，35（3）：7-10.

沟通和团队合作能力至关重要。药学生应学会与患者、家属和同事有效沟通，倾听他人意见，并能够在团队中协调合作，共同解决问题。

第五，注重实践技能训练。除了理论知识，实践技能也是药学生必须掌握的重要部分。如学习基本的药学技能、调剂操作技巧和药物管理技能。通过模拟训练、实验室实践和药学培训来不断提高实践技能水平。

第六，培养批判性思维和问题解决。药学生应该培养批判性思维能力，学会分析和评估药学数据、药学文献和病例资料，以便做出准确的诊断和正确的治疗决策。同时，他们也应该具备良好的问题解决能力，能够在面对复杂的药学情况时迅速做出反应并采取有效的措施。

通过以上方法，药学生可以不断提高自己的专业技能，为将来成为一名优秀的药学人员打下坚实基础。

第六章

药学生演讲与口才

在当今社会，演讲与口才已经成为一项非常重要的技能。尤其作为药学生，无论是在校学习、外出工作，还是各种社交场合，拥有良好的演讲与口才会让你更加自信，更有说服力，更容易在工作中崭露头角、出类拔萃，赢得职业上的尊重和社会地位。

第一节　什么是演讲与口才

古往今来，很多的政治家、军事家都是能言善辩、能说会道的雄辩家，凭着一张嘴，宣传自己的思想，激发民众，甚至还能鼓动和止息战争。正所谓《战国策》中："一言之辩重于九鼎之宝，三寸之舌强于百万之师。"而纵观商业竞争的历史，许多人也是通过演说来展示企业家独特的人格魅力、对社会责任的担当、对企业宏大理想的叙事，从而对企业和产品进行有力的宣传，比如，阿里巴巴的创始人马云、小米的创始人雷军、苹果的创始人乔布斯、新东方的创始人俞敏洪等，这些都是非常优秀的讲师型企业家。在一定程度上，演说就是领导力，演说就是竞争力。丘吉尔曾经说过："一个人可以面对多少人讲话，决定你的成就有多大。"公众演说是一个优秀职业人的必备技能，但有很多人因为口才不好，不善表达，导致面试竞争失败、无法有效管理团队、人际关系受挫，进而产生自卑心理，错失一次次宝贵的机会，影响个人和事业的发展。所以说口才，是天下第一才。口才是社交的需要，更是事业的需要。如果说只学一个技能就可以给自己的生命带来一系列改变，那这个技能就是演讲。

演讲又称讲演或演说，是指在公众场合，以有声语言为主要手段，以无声语言为辅助手段，用口头表达的方式阐明事理和交流传播信息的一种有计划、有目的、有主题的语言交际活动。演讲的三个要素分别是演讲者、听众和演讲时境。

演讲者。演讲的主体要素即演讲者。他是演讲的内容和形式的生发者和体现者，对演讲活动的成败起着决定性作用。激情、自信、活力，是演讲者需要具备的三个品质。演讲者可以通过自己的形象、声音、眼神、表情、手势等来展示自己的气场和热情，带给听众以说服力和感染力。

听众。演讲的受体要素即听众。听众是演讲必不可少的有机组成部分，听众并非被动的信息接收者，而是演讲活动的信息反馈者和积极参与者，没有听众无所谓演讲。把握听众兴趣是成功演说的关键，而最能吸引听众注意的就是同听众自己密切相关的事。因此，当你进行一场演讲时，要在大脑里想一下听众最希望听到的话题是什么，能不能为他们排忧解难，能否与他们产生共鸣激发他们的兴趣？要将自己与听众融为一体，通过诚恳地赞美、真诚地沟通，才能开启听众的心灵大门。

演讲时境。演讲的环境要素即演讲时境。它是指演讲者和听众共处的特定气氛中的场合，包括时间、地点、人物和背景等，它对演讲活动能否顺利进行乃至成败具有重要的作用。演讲者要善于从现场的具体环境中寻找触发点，与听众进行有效互动，一步步展开演讲的主题和内容，表达自己的思想，这样才显得随和、亲切，没有生硬感，也更容易被听众接受。

第二节　演讲与口才的心理准备

有心理学家曾做过调查，在人们感到最恐惧的事情里，死亡位居第二位，而第一位居然是当众讲话。很多人在公众场合说话、被人注视时都会觉得紧张、无所适从，甚至会出现忘词、大脑一片空白、说话语无伦次、手抖脚抖牙抖等情况，这是因为公众演说是他们很少接触的领域，他们还没有适应站着思考问题，产生焦虑和畏惧心理也在情理之中。事实上，怯场的不只是你一个！几乎所有的人会怯场。适度的紧张对演讲者来说是有好处的，可以让演讲者心理处于应激状态，思维更为敏捷，表达也会更为顺畅。而过度紧张和害怕会影响演讲的效果。因此，成功的演讲不仅需要良好的应用技巧，更需要做好适当的心理准备，克服紧张恐惧情绪，提升演讲的表现力。

我们之所以上台会紧张，产生恐惧心理，究其原因，主要有以下四大弊根。

第一大弊根：陌生的环境。

人总是会对熟悉的环境有一种舒适感，而对陌生的环境有一种恐惧感和不安全感，这种不舒适感就容易使人产生紧张和恐惧心理。干任何事都一样，熟能生巧，所以上台的经验很重要，上台次数多了，自然就没那么紧张了。

第二大弊根：追求完美的心态。

有的人对自己的期望值很高，总想呈现一个完美状态的自己，过分注重和在乎别人对自己的评价和感受，担心自己丢脸出丑，担心别人不接受自己的观点，担心自己的表现不能达到预期效果……于是当他一看到别人的目光，一站到台上就会紧张起来，越不肯暴露自己的缺点，越是表现不佳，结果就越不尽如人意。

第三大弊根：过去失败的阴影。

过去在公众场合讲话失败的阴影会直接影响自己的发挥，

使自己心理压力大，变得更加紧张。比如，有些人小时候家庭环境的影响，老师的严厉批评，一次不成功的上台讲话经历……都会给自己造成自卑的心理。正所谓“一朝被蛇咬，十年怕井绳”，当他再次上台讲话时，以往的阴影便会像幽灵一样再现，形成一种不好的条件反射，加剧自己的恐惧和紧张，于是便开始自我封闭，不愿再在公众场合讲话了。这是我们最可怕的敌人，称之为“心魔”。

第四大弊根：准备不充分。

俗话说：无准备，不登台，一切糟糕的演讲都是因为准备不充分。“台上一分钟，台下十年功。”我们所看到的精彩的演说，都是演讲者在台下充分准备和反复练习的结果。避免怯场的最好方法就是疯狂排练，准备越充分，紧张程度也就相对越低。

那么，如何克服演讲心理恐惧呢？这里给大家提供克服心理紧张的“四味良药”。

第一味良药：深呼吸法。

人处于陌生的环境，感到紧张时，通常会心率加快，感到心烦意乱，这时候运用深呼吸法可以有效帮助我们应对和缓解紧张情绪。具体的做法是什么都别想，缓慢地吸入空气，保持几秒钟后慢慢呼出，持续重复一两分钟，集中注意力感受腹部的起伏。当呼吸慢慢顺畅了，紧张感也会随着减弱。

第二味良药：转移注意力法。

当我们在讲台上演讲时，你的注意力在哪里，哪里就会成为我们关注的焦点。比如，我们总是关注紧张，我们就会紧张；我们总是关注不友好的面孔，我们就会产生不自信的感觉；我们总去关注别人的反应，我们就无法专注去讲。因此，我们要学会转移注意力。

我们不要看那些挑剔的眼神、严肃的面孔、不苟言笑之人，要看那些点头微笑、专注听讲、含有善意目光和亲和面孔的人，这些会给我们带来信心和鼓励。当然，如果有时候领导在场，我们可以运用虚视法，就是似看非看，可以只看台下某一听众的头顶，但不直接进行目光接触，这样既尊重了对方，又避免因目光接触而产生紧张心理。

转移听众的注意力。我们紧张，是因为听众的目光全部聚集在我们身上，假如在演讲中我们能运用一些方法适当地将观众的注意力转移到其他地方，便可以暂时调整我们的情绪，放松自己。比如，可以运用提问方式与听众进行互动，可以利用投影、PPT、画板、音乐等道具分散听众的注意力，让听众把注意力转移到自己的讲话内容上。

第三味良药：积极的自我暗示法。

什么是心理暗示？《心理学大词典》是这样描述的："用含蓄、间接的方式，对人们的心理和行为产生影响。暗示作用往往会使别人不自觉地按照一定的方式行动，或者不加批判地接受一定的意见或信念。"可见，不管是正向的暗示还是负向的暗示，心理暗示都具有强大的精神力量，我们在演讲中要善于进行积极的心理暗示，发挥潜意识里语言的强大力量。比如，“在这么多人面前讲话，有点紧张是正常的”，“我很棒，我做了充分的准备，我不用在意别人的眼光，只要顺其自然诚恳地把自己心里想说的话说出来就好了，并没什么大不了的”，“我能行，我能做得更好”等，这些积极正向的自我暗示往往能够帮助我们战胜恐惧感，让我们的表现更加出彩。

第四味良药：预演想象法。

通俗来说就是在每次上场比赛或者演讲前，运用想象的方法来帮助我们走向成功。比如，当你上台演讲时，想象自己满怀信心走上演讲台，讲堂里鸦雀无声，你的听众为你倾倒，始终跟随着你的思路，走下演讲台后，你听到了雷鸣般的掌声，会后，你听到听众对你交口称赞。这感觉好似魔法一般，将带给你最大程度的欣喜。你想象得越清晰效果越好，预演越具体，在台上就会越成功。但千万要注意，一定要想象成功的画面，而不要想象失败的案例，你会惊讶地发现，你想象到什么画面，你就会得到什么样的结果！成功的秘密在于心想事成。

还有一些自我调节紧张情绪的方法，比如，创设良好的外界环境，在演讲前听一听轻松愉快的乐曲，看一些令人捧腹的幽默故事，闭目养神或者做眼保健操放松心情，提早到达现场熟悉演讲的环境，练习使用麦克风和其他辅助视觉设施，等等，都是很好克服紧张情绪的方法。

第三节 演讲与口才的应用技巧

一、声音语言技巧

演讲语言是人们交流思想、表达情感、传递信息的重要手段，演讲语言运用得好与坏，直接影响着演讲的效果。因此，高质量的演讲首先需要高度重视对语言的锤炼，把握好演讲语言的四个特征。

准确性。演讲使用的语言一定要严谨、科学，能准确清晰地表达出所要讲述的事实和思想，便于听众理解和接受，从而达到宣传和教育的目的。

简洁性。演讲语言应简洁明了，用最少的语言表达最多的内容。这就要求演讲者对思想内容进行深入思考，逻辑清晰，抓住要点，明确中心，避免冗长、晦涩或复杂的句子，做到精益求精。

通俗性。演讲语言应当考虑听众的文化水平和理解能力，使用口语化的表达，通俗易懂，避免过于书面化，这样更有利于拉近演讲者与听众之间的距离。如果能恰到好处地运用一些幽默风趣的语言，更加能增强演讲的吸引力和感染力。

生动性。好的演讲稿，语言应该是生动感人的，演讲语言常常使用生动的词汇，比喻、排比、拟人等修辞方法和引人入胜的故事，以吸引听众的注意力并加强记忆效果。

总体来说，从口语表达的角度看，演讲的语言需要做到语音字正腔圆，准确清晰；语速适当，控制节奏；语调抑扬顿挫，自然动情；词句流利，连贯优美，重音突出，停顿有序。为了更好地了解自己的音调、音量和语速，可以录制自己的演讲，或是请朋友来测试，有条件的还可以请相关方面的专家进行指导。

二、态势语言技巧

态势语言是指演讲者在演讲过程中的面部表情、手势、姿态、眼色等非语言表达方式，它可以增强演讲的表现力和感染力，让听众更容易理解和接受演讲者的观点和情感。

注意面部表情。不管是在日常沟通还是在演讲中，面部表情都随时表达着我们内心的情感和思想，而微笑和眼神是连接演说者与听众最重要的部分，因此演讲者的面部表情要自然、真实、生动，要与听众保持眼神交流，让听众感受到演讲者的关注和尊重。

运用手势。演讲的手势可以说是“词汇”丰富，千变万化，没有一个固定的模式，演讲者可以通过练习，在自己的思维库里存储3~5个手势，选择性地使用这些手势来强调重点、表达感情和展示形象。这里列出几种常见的演讲手势及其含义。

仰手式。掌心向上，拇指自然张开，其余手指微曲，手部抬高时表示欢欣、赞美、希望，放平时则表示诚恳地征求意见或支持。

俯手式。掌心向下，手指状态同仰手式，表示审慎提醒或否认、反对之意。

切手式。手掌挺直展开，五指并拢，像斧头一样劈下，表示果断、坚决、排除之意。

啄手式。五指并拢相夹相触，指尖朝向观众，用于强调主题和重点，也表示探讨之意。

伸手式。手掌向上，手臂伸直，表示请求、承诺、谦恭之意。

拇指式。竖起大拇指，其余手指弯曲，表示有力、肯定、赞扬之意。

食指式。食指伸出，其他手指合拢，表示强调之意。

握拳式。握紧拳头，表示力量、信心。

五指并用式。指尖向上并拢，掌心向外推出，显示出坚定、有力、向前之意。

此外，还有一些常见或是特定情境下使用的手势，如塔尖式、传球式、十指交叉式、按球式等，这些手势通过模拟动作，可以有效地增强演讲的表现力和感染力。但需要注意的是，运用手势的大小、方向和频率应当与演讲的有声语言、面部表情、身体姿态等密切配合，避免过度或不协调。

保持自信姿态。调查显示，人们能在半分钟之内对说话人形成初步印象。这就是说，只需几秒钟，听众就会决定你是否值得信任，他们会根据你的身体语言和声音特征来判断。演讲者保持自信、坚定、挺拔的姿态，让听众感受到演讲者的气场和信心是成功演讲的关键。

三、情感表达技巧

情感是演讲的灵魂，它可以让演讲者的话语更具感染力和说服力。没有情绪的演说，它是没有生命，没有色彩的。情感表达技巧主要体现在以下几方面。

情感掌控。演讲是一个充满压力的过程，演讲中的情绪管理对演讲者来说至关重要。一个能有效掌控自我情绪的演讲者，不仅能够在演讲中更好地与听众沟通，还能够更好地传递信息，提高演讲的效果。要时刻觉察自己情绪的变化，当自己感到紧张或者焦虑时，通过深呼吸、放慢语速、调整表情、适当运用幽默、拥抱积极情绪等方式，控制自己的情绪，保持平静、自信的心态。

情感共鸣。演讲者要注意分析听众的年龄性别、规模态度、教育程度、社会地位等，了解听众的兴趣点和需求，以此建立与听众的情感共鸣。

情感转移。演讲者可以通过讲述真实故事、运用恰当修辞、注重语音语调等情感转移的方法和手段，将自己的情感转移给听众，激发听众的共鸣和情感反应。

情感渲染。演讲者可以使用音乐、影像、实物、故事、PPT 等视觉辅助物来增强演讲的情感表达，让听众能感受到演讲的温度和力量。

四、逻辑思维技巧

逻辑思维是演讲的基础，它可以让演讲者的话语更有条理、更有说服力。演讲者要注意逻辑的严密性和连贯性，避免出现逻辑混乱和不连贯的情况。逻辑思维技巧主要包括以下几方面。

清晰的思路。演讲者要注意构建清晰的思路，将话题分解成多个层次和步骤，让听众能够容易理解和接受。卡耐基在《语言的突破》一书中，对“怎样构架演说框架”提出了一个“神奇公式”，具体的步骤是：第一，演讲者一登台就把主题用实例的方式说给听众听，通过这个例子力求形象地表现出演讲者所想传达给听众的主题。第二，尽量详尽清楚地论述观点。第三，叙述理由，即告诉听众，他们按照演讲者所说的去做会得到什么好处。通过这个奇妙的公式，必定可以吸引听众的注意力，让听众的兴趣点同演讲者所要演说的重点相吻合。

严密的逻辑。我们在公众讲话中最常见的问题就是言之无序，主次不分，没有条理。如何让我们在表达中条理清晰，主次分明，重点突出呢？

第一，注意讲话的次序。可以按照时间、地点、方位、发展、历史、因果关系、对比关系、并列关系等方面来组织演讲内容，这样就能产生条理性。

第二，学会分类表述。按照事物、事件或内容所属性质进行分类演讲，这样可以使自己的演讲有主有次，有转有合，听众自然一清二楚。还可以运用数字 1、2、3 或者第一、第二、第三等来进行表达，一旦演讲内容用数字进行了标注，讲话的内容就会显得很有层次感。

第三，黄金三点论。“三点论”是演讲时常用的一种逻辑方法，特别是短时间内的即兴发言、发表意见、沟通谈判尤为有效。运用三点论，可以让我们边想边讲，边讲边想，有助于我们快速组织语言，避免思维混乱的情况发生。三点论有很多例证，从这些例证中，我们能够体会到它的普遍应用性。

时间：过去、现在、未来；初期、中期、后期；第一个五年、第二个五年、第三个五年；第一步、第二步、第三步。

地点：家中、公司、市场；上、中、下；等等。

人物：自己、对方、第三者；买方、卖方、中间人；上司、自己、下级；等等。

其他方面：结果、因素、现象；生理、心理、情绪；准备、执行、反思；产品、市场、服务；生产商、经销商、客户；等等。

黄金三点论公式作为一种有效的思维和表达工具，在沟通、写作或演讲中具有广泛的应用价值。通过掌握和应用这一工具，我们能够更加清晰、有条理地表达自己的观点和信息，提高沟通效率，树立个人形象，提升自己的思维和表达能力。

重点的突出。演讲者要注意突出重点，通过准确表达和强调关键信息，才能更容易让听众记住和理解。选择短小精悍的词汇和简洁有力的句子，通过提高音量、改变语调、放慢语速、反复强调等方式，可以更好地突出演讲者的重点观点。同时还可以使用一些适当的铺垫，如引言、故事、数据、案例等来引导听众进入话题，增加话题的吸引力和说服力。

五、互动沟通技巧

互动沟通是演讲的重要环节，它可以在演讲中持续吸引听众的注意，增加演讲的参与性和反馈性，让演讲更加生动和有趣。

开放式提问。提问是最简单实用的互动方式，演讲者可以使用开放式问题来引导听众参与互动，让听众能够发表自己的意见和看法，增加互动的深度和广度。

回应听众。演讲者要注意控制互动的节奏和时间，避免互动过多或过少影响演讲的进度和效果，同时也要注意回应听众的问题和反馈，让听众感受到自己被关注和重视。

多元化互动。演讲者可以使用多种互动方式，如小组讨论、问答环节、游戏、投票等来增加互动的形式和内容，充分调动听众的积极性和参与性。

六、舞台表现技巧

演讲作为一种重要的沟通方式，通过演讲，人们可以表达自己的观点、传递信息、引发共鸣。在演讲过程中，一个好的形象可以增加演讲的视觉效果和气氛感染力，因此，形象的塑造显得尤为重要。

外在形象是指演讲者的外貌、仪态和服装等方面。演讲者要选择干净整洁、得体大方的服装，给人一种积极向上的印象。同时要注重仪态举止，注意坐姿、站姿、手势等身体语言的运用，做到自然大方、自信从容，让听众感到舒服。

内在形象是指演讲者的个人魅力、专业知识和思想深度等方面。演讲者要在演讲前做好充分的准备工作，对所要演讲的内容进行全面了解和研究，做到有理有据、有条不紊。同时，演讲者要学会控制和调节自己的情绪，展现自己的自信，让自己的演讲更有说服力和影响力。

总而言之，对大学生和职场人来说，有非常多的机会需要去演讲、表达、发言，没有人天生就是演说家。唯一的路径就是多练习，掌握一定的应用技巧，抓住一切机会在公共场合练习说话。这就好比游泳，一个人不可能站在岸上就学会游泳，所有的演说技能都必须付诸实践，才能达到理想的效果。口才不是一天练成的，是一天一天练成的！很多成功的演说家、政治家，也都是通过不断练习才能获得这项技能。事实上，每个人周围都充满着各种演讲和公众说话的机会，一有机会，便毫不迟疑地加入演说的队伍，有了这样的积极性和热情，才能更快速提升自己的演说技能。

第七章

药学生创新能力提升

第一节　创新的定义及重要性

创新能力是指采用独特而新颖的方式解决问题的能力。习近平总书记在党的二十大报告中指出："必须坚持科技是第一生产力、人才是第一资源、创新是第一动力，深入实施科教兴国战略、人才强国战略、创新驱动发展战略，开辟发展新领域新赛道，不断塑造发展新动能新优势。"①

创新是创造新的事物，即人们在现有的基础上为了满足需

① 习近平．高举中国特色社会主义伟大旗帜为全面建设社会主义现代化国家而团结奋斗：在中国共产党第二十次全国代表大会上的报告［N］．人民日报，2022-10-26（2）．

要，提出新想法、解决新问题、生产出新物质、开拓出新应用。部分观点指出，创新是指前人没有发现，经过自己的研究成功提出，并转化成产品的过程，或者虽然前人已经提出，但在此基础上对其观点、理论、生产工艺、应用领域等进行改进，提出新的方案，使新问题得到解决，并能创造出新的物质。而创新能力就是指创新者对新生事物的敏感度、好奇心和洞察力，并通过努力挖掘自我潜能，实现自我能力发展的综合体现，是创新者内在的求知欲、挑战欲，也是人类求新、求变的本能。创新是民族进步的标志，是国家兴旺的动力。大学生创新能力的培养不仅是社会发展的迫切需求，也是大学生实现自我价值的内在需求。

随着药学的发展，对药师的职业能力要求越来越高，高等医药学教育不仅要培养懂医精药的药师，也要培养具有创新能力的药学科研人才。培养药学生科研创新能力是医学院校改革创新的重要内容。我们在教授药学生专业知识的同时，要注重培养具有科研创新意识的创新型人才。面对新形势，加强药学生创新能力的培养，既符合药学行业对人才创新性培养的要求，也是主动适应社会发展对人才的需要。因此，高校培养药学生，除了掌握扎实的专业基础和医疗技术，还应具备较强的创新能力。① 创新能力有利于推进“健康中国”的建设。身体

① 隋丽丽，苗丽华，金戈，等．创新型药学人才培养模式的实践研究［J］．化工管理，2023（13）：30-32.

健康是革命的本钱。党的十九大报告中指出："人民健康是民族昌盛和国家富强的重要标志。"这就表明我国特别重视健康产业发展，并力求将健康观念落实到实践行动中。伴随健康时代的来临，健康观念、产业形态、医疗方式、行业标准等诸多层面均出现了不小的改变，针对健康产业的人才能力结构提出了较高需求。大健康产业发展力求诸多实践型、全能型、创新型、服务型从业人员参与。未来药学生必将成为人们健康的守护者，唯有全面提高与培养其创新能力，方能切实迎合社会对医疗卫生人才的发展需求，促使"健康中国"的构建与实施。

创新能力有助于满足新时代社会发展需求。伴随社会经济逐步发展与生产力的提升，创新逐步成了促使社会综合发展的中坚力量，"万众创新、大众创业"是现今社会发展的新方式。基于大健康产业发展视域，中医保健、健康养老、医疗服务、健康平台、健康体检等均为高校药学生创新提供了优质的发展平台与方向。药学生作为医疗岗位中的重要一员，在改进健康服务、普及健康生活等层面均需充当重要角色。培养高校药学生创新能力，有利于他们在理解与掌握专业药学知识之上具有较强的创新技能与意识，这将为大健康产业良性发展提供重要的人力支持。同时，药学高校学生也能全面通过网络特性，把创新与"大健康产业"实施全面融合，促使国内大健康产业可持续发展，在逐步提升人们生活质量的同时，为"健康中国"发展事业做出重要贡献，实现人生价值。

创新能力有利于促使大健康产业发展。在大健康产业发展视域下，民众生活质量与生存环境得到极大改善，同时民众对基础疾病也有了全新认识。广大民众对医疗的需求从后期治愈的期望转到更关注疾病预防、健康保障的服务型医疗，这致使诸多行业与药学形成了交融合作，进而促使医疗服务的内容与边界逐步扩展与延伸。在新形势下，培养药学高校生创新能力，不仅能让他们具有较强的数据处理能力、目标管理能力、决策能力以及计划管理能力，同时还能让其养成理性的冒险精神、敏锐的机会意识及独特的首创精神。促使大健康产业良性持续发展，并且也能有效推动自身实现个性化与自由化发展。

一个人的创新能力可以从以下三方面进行评估：首先是评估其创新思维能力。创新思维与逻辑思维不同，它要求发散性。只有发散性，才能使人出其不意地想到独特而新颖的解决问题的办法。善于创新思维的人，会形成一种独特的思维模式，遇到问题的时候，会朝着相反的方向、不同的方向去想，不会被固有的思维定式和思维习惯困住手脚，因此常有新点子出来。这样的思维品质通过日常表现反馈出来。例如，当提出一个问题的时候，有的人思维就比较灵活，想法就比较多，能够用独特的方式找到问题的解决办法，可以借用创新思维测验来评估创新思维。其次，评估个人的创新动力。有的人很有想法，但是遇到困难，就退缩了，这也不利于问题的解决。创新能力不能仅仅停留在想法上，最终要去解决问题。那种既有想法，又不懈探索把想法付诸实践的人，才能真正产出工作成果，才是真正具有创新能力的人。最后，评估个人能否善于运用大家的智慧创新。创新工作是很难由一个人独立完成的，即使这个人非常有想法，也非常想创造出新的产品、新的服务、新的管理模式，但缺少大家的支持和帮助，就很难把创新的想法落到实处。特别是企业里面的创新，分工合作非常重要，追求创新的人一定不能闭门造车，以自我为中心进行创新。一个善于创新的人，需要与他人的想法进行碰撞，激发出创新的火花。福尔摩斯需要华生这样不太善于创新的助手，激发其解决问题的各种奇妙办法。头脑风暴之所以在创新中如此受到重视，也正是因为群众的智慧是无穷的。一个善于创新的人，要善于收集大家的想法，善于利用每个人的专长，把创新工作从打破思维定式、产出众多想法、选择奇妙组合、形成最终方案，到最终产出成果顺利实现。总之，要评估一个人的创新能力水平，应从思维、动力、合力这三方面观察一个人的行为。如果在日常工作中能够频繁地表现出类似的行为，那么就可以预见其有较强的创新能力。

第二节　药学生创新能力培养方法

掌握任何复杂技能，都需要经过不断重复和练习。想要提高自己的创新能力，就需要用创新思维不断地思考问题，最终熟练掌握这项能力。培养创新能力可将以下几个关键方面为切入点。

第一，积极向上。对药学生而言，要想培养自己的创新能力，首先要保证自己有一颗积极向上的心，可以接受生活和学习中的挑战和压力，保持向上的精神和态度，才会有信心让自己去创新。

第二，虚心谦学。学校就是一个优秀人才聚集地，有时候你不得不承认，很多人的确比你优秀，你要做到的就是向比你优秀的人学习，放低自己的姿态，虚心向那些优秀的同学、朋友学习，这也是一种培养创新能力的途径。

第三，阅读启思。大学不是学习的终点，进入大学之后更应该保持学习能力，多看书，多看好书，尤其是多看可以启发人思维的书籍，只有这样才会有思路和想法的创新、创造。

第四，敏锐洞察。其实创新能力并不是与生俱来的，对大部分人而言，需要后天的一些行为习惯养成自己的创造、创新能力，所以一定要做生活中的有心人，多主动地、有计划地观察生活中的事情和人物，启发自己。

第五，保持好奇。好奇心才能刺激创造力，有底蕴才能激发创新力。好奇心是培养创新能力的好方法，不管是在日常生活中还是在工作职场中，保持好奇心，对自己创新能力的培养有利无弊。

第六，联想拓展。学会联想，凡事都能够举一反三，日常生活中我们会遇到各种各样的事情，有些情况让我们倍感困扰，而有些则使我们感到舒适，但是这些往往会让我们感觉都存在联系，将其联想在一起，有时候可以培养我们的创造、创新能力。

第七，参与赛事。多参加一些专业的比赛，尤其是趣味比赛，会让我们在游戏中学习到很多，特别是启发我们思考的一些项目。比赛的时候，一般人都会紧张，紧张会刺激大脑，在最短的时间内想到最佳的方案，这也是一种培养创新能力的方法。

创新能力一方面在于拥有一个可能性思维，秉持开放的态度，另一方面就是强化解决问题和做出决策的能力。

首先，秉持开放的积极心态，应深信自己的创新潜能无比丰富，使用多次也永不枯竭。而创造力使用得越多，它本身被激发出来的就越多。每一次提出新的观点，实际上，你也就变得更具有创造力了。事实证明，在工作和生活中，你越具有创造力，那么就能够提出越来越多的、更好的想法，让自己的工作、生活以及你周围的一切变得越来越好。一个良好的想法足够改变你人生的整个方向。创新的人对一切都充满好奇心和具有开放的心态，对自己周围的事情会询问更多的问题，也不会满足于表面的答案，就像孩子一样探索和发现世界，他们不停地在问“为什么”“为什么不”“如果是这样的事情会是怎么样呢”？另外，创新的人会仔细地思考问题的每一个方面，不会直接得出结论，反而是收集越来越多的数据，他们会检测和证实自己在每个阶段的实验性结论都是正确的，而且他们不会急着评判什么，对于自己的结论可能是错误的或想法不太好的可能性也都秉持开放的态度。

其次，运用“假设型”思维。在激发创造力的过程中，可以问的一个最有力的问题就是：“如果……会怎么样呢?”每次问自己这个问题，就打破了限制性思维的纽带，突破了在狭隘区域思考，此时你就能够拥有越来越多的可能性。“如果……会怎么样”的思考模式被认为是联邦快递公司的一个突破性概念，它使该公司成为世界上最成功的公司之一。联邦快递公司的成功最开始是源于这样一个问题：“如果在世界上任何一个国家，每封邮件都能一夜之间送达，那会怎么样呢?”这个问题是来自一个在耶鲁大学读本科的，名叫弗里德·史密斯（Fred Smith）的同学提出的论文课题，但是当时他的教授给他这个论文打了一个“C”，因为教授认为他这个想法根本就不切合实际。当时在美国，一级的邮件也需要3~5天的时间，甚至更长的时间到达目的地，而一夜之间到达目的地的想法非常不切实际。而弗里德·史密斯和其他联邦快递公司的高管不断问自己这个问题，最后提出了一个创新性的想法，不仅实现了当时的目标，还使得联邦快递成为这个领域里最大和最成功的企业。

再次，不断打破障碍。“如果能够把键盘放在手机的屏幕上，那会怎么样呢?”（苹果公司）“如果我们能够通过电子邮件和直接送货到家服务销售和运送任何一本书，那会怎么样呢?”（亚马逊）“如果我们能够把一个人送到月球，然后把他再平安带回地球，那会怎么样呢”（约翰·肯尼迪总统于1962年的讲话。）当肯尼迪总统向主管美国航天项目的德国科学家韦纳·冯·布劳恩咨询“如果我们能够把一个人送到月球，然后把他再平安带回地球，那会怎么样呢?”这个问题的时候，这名科学家回答说：“有这个意志就能做到。”在很多情况下，不论是工作还是个人生活，成功最需要的仅仅是“需要做这件事情的意志”。乔尔·威尔顿也说过一句非常著名的话：“成功源于你能做什么，而不是不能做什么。”

最后，持续改进创新过程。很多成功的企业和主管的人生哲学都是CANEI——“持续地和不间断地改进”。要坚决地、勇敢地走出舒适区，并不停地去搜寻新的、更好和更快以及成本更低的方式来实现目标，努力往前。在开发和引进新的产品、服务、方法或者策略的过程中，要做好不断失败的准备。因为在创新的过程中你会不断地经历沮丧、困难、阻碍和暂时性的失败。托马斯·约翰·沃森是IBM之父，曾经有一次别人问他：“怎么才能成功得更快?”他回答说：“如果你想要更快成功，那么你就要经历两倍失败的速度。”成功就躺在失败的不远处。事实上，根本就没有失败一说，只有反馈。困难根本就不是阻碍，而是过来发挥指导作用的，要遵循的公式应该是“尝试、再次尝试，尝试一些新的事物”。爱因斯坦曾经被问到过这样一个问题：“如果有一个大的紧急情况或一个潜在的灾难，可能在一小时毁灭地球，由你来负责找到解决问题的办法，你接下来会做什么呢?”爱因斯坦回答：“我会花费前59分钟收集信息，最后1分钟找出解决问题的最好办法。”所以，提高解决问题和做出决策的能力，并找出创造性方法来扩大自己的企业、提高工作效率，或者提升销售额、利润额的能力才是创新能力的最终表现。

在大学课堂中培养药学专业学生的创新能力至关重要，这不仅能够提升他们的学术竞争力，还能为未来药物研发和创新奠定坚实基础。

第一，积极参与新型教学模式。开放的学习环境能自由表达、发挥想象，从而培养创新能力。在课堂上多参加小组讨论、角色扮演等活动，自由发表观点。同时，发表不同意见，挑战传统观念，发挥创新精神。兴趣是最好的教师，也是创新的天然驱动力。在新型教学模式学习过程中，比如，预先给出问题—基于问题的学习（PBL）或案例—基于案例教学法（CBL)，再进行分组讨论—以小组为基础的学习（TBL）并汇报。学生去“发现”“探究”或者“解决问题”，由“被动接受”转变为“主动探求”，主动解决问题，进而学习隐含于问题背后的科学知识，潜移默化地学习科研的方法和思维，激发学生学习热情和对科研创新的兴趣，培养其自主学习能力和创新思维。

第二，项目式学习。项目式学习是一种以实际问题为引导，通过合作解决实际问题的学习方式。这种方式能够激发学生学习兴趣，促使其主动探索、独立思考，从而提高创新能力。在项目式学习中，学生提出自己的解决方案，而不是简单地接受标准答案。创新是知识经济时代经济发展的第一动力。一个国家要发展，只有不断创新，才能有效地应对激烈的国际竞争。新背景下国家对药学人才创新能力的要求进一步提高，药学生的创新能力成为药学教育的重要内容之一。创新发展要求药学人才不仅掌握一般基础性药学知识和技能，更要求药学人才具有能适应社会发展的创新思维和能力。

在传统的学习过程中，药学生在某些方面会形成一种固性思维习惯和方式，而这些常规思维方式会降低药学生的创造力。大学生创新创业训练计划项目的开展则可以培养药学生不同的思维方式，进而多思路解决问题。药学生在大学生创新创业训练计划项目推进中，会应对新情况、新问题、新信息，进而不断解放思想，提高思维方式的广阔度，这有利于培养药学生的创新精神和创新能力。

第三，培养问题意识。创新往往始于对问题的发现和提出。学生应主动发现问题，培养问题意识。在学习中，多观察生活，提出问题，然后分析问题，用创新的方式解决问题。同时，应注意如何提出有效的问题，逐渐提高提问的质量。首先，在日常的各类课程开始前应自觉提出问题，带着问题听课，与教师沟通并及时解决问题，培养科研意识、沟通协调能力。其次，要做到理论联系实际，在课程实践部分重视动手能力培养，在药学实践中培养创新兴趣。再次，分析问题，比如，实验课堂，对原始实验数据进行采集与分析。一旦获得实验数据，就去思考数据说明了什么问题，培养分析实验数据的探究式思维。探究式思维大大提高了探索热情，从而主动参与、积极思考，逐渐养成了创新性科研思维和科学严谨的作风。最后，解决问题，在发现和分析问题后，经过设计性实验的训练，形成解决问题的思维。以小组讨论的方式给出可能的实验方案，与教师沟通后，根据仪器设备情况，确定某一种方法并进行详细的实验设计，包括样品的前处理、标准试样的选择、浓度梯度的设计、仪器测定条件的设置等诸多方面，这个过程着重训练学生的综合思维能力，培养学生发散思维和解决问题的能力。比如，在维 C 含量测定中，如果含量较高，学生可以用化学分析的方法进行分析；如果含量较低，可以用仪器分析的方法；如果含量甚微，可以富集后再选择合适的方法，达到解决问题的目的。

第四，学习创新方法。创新并不是凭空产生的，而是需要一定的方法和技术。通过一些途径学习创新方法，如头脑风暴、思维导图等，掌握创新工具。通过学习创新方法，可以更好地发挥创新思维，提高创新能力。作为刚刚接触科研活动的药学生，其科学思维和科研素养尚处于启蒙阶段，因而其科研创新能力自然较为薄弱，为此，参加药学科研思维与创新训练类课程就显得尤为重要。通过该课程，对药学创新的特征与实质、药学科研活动应遵循的基本原则和基本流程，以及创新思维如何建立等将有较为清晰的理解，从而为提升创新能力奠定基础。

近年来，随着药学高等教育要求的不断提高和药学本科生队伍的不断壮大，学生未来必须具备科研创新能力，才能更好地投入工作。世界各国也都在探索如何提升学生的创新能力，比如，日本药学本科生科研创新能力培养模式具有“早”和“真”的特点，即早期进入实验室进行科研活动并“真刀真枪”“求真务实”地进行实验活动，具体表现如下：药学相关本科教学中，有一半以上的学期，学生都会进入专业实验室由博士生教师指导，了解实验环境和内容，进行科研工作；高年级学生通过讲座等方式向低年级学生传授科研经验并分享心得体会；在科室的实习活动中，本科生免费参加日本国内外学术会议。而在美国药学本科生培养研究中发现，美国的大学提倡和鼓励“本科生科研”，并设立了许多本科生科研项目，鼓励学生暑期到私立公司和实验室及政府机构进行研究学习，甚至在校内设立本科生研究期刊来鼓励本科生进行科研。主要包括以下四方面：设立专门的培训机构，负责学生在读期间的科研实践和培训；采取导师制；参加科研培训的药学生应保证数月甚至一年的时间全职进行科研工作，以保证科研培训质量；在培训方式上，美国的院校采用多种方式灵活应用的手段，除了数据收集、验证假说、文献综述、药学问题探讨，还有“暑期科研实习”制度等。①

据此，在药学本科生教学活动中开展科研培训，在大二、大三时开展科研方面的教学，加强对本科生科研理论及操作的培训，营造良好的科研氛围，从而提高学生的科研兴趣和科研创新能力。可从以下三方面着手。

一是树立科研意识和创新意识。先转变药学生对科研的轻视心态。只有学生具有科研的兴趣，才会全身心投入科研，树立科研意识和创新意识，进而才能使科研创新能力得到培养。目前，国内研究者发现大多数药学本科生参与科研是为了考研或获得学分。如果科研目的与科研兴趣或自身能力提高无关，那么药学本科生科研创新能力培养的目的将会难以实现。应培养学生的科研兴趣，使其建立起“科研能提高自身竞争力和实现进一步深造”的认知。作为本科生，应在课外主动学习掌握科研知识，培养自己的科研意识和创新意识，探索自己感兴趣的科研方向并为之努力。树立科研意识和创新意识的大学生，无论是在科研理论学习还是在团队活动上都有较大的进步。由

① 丁里宁，汪昕．优秀本科生科研创新能力培养模式探讨［J］．教育教学论坛，2019（42）：112-113.

此可见，大学生树立科研意识和创新意识，是培养其科研创新能力的主要动力。

二是参加科研创新活动并开设技能培训课程。积极参加“挑战杯”全国大学生课外学术科技作品竞赛、大学生创新创业训练计划项目和中国“互联网+”大学生创新创业大赛等国家或学校举办的各类科研创新活动。目的是培养学生的科研创新能力，且这些科研创新活动可以激发学生对科研的兴趣，锻炼学生的团队科研意识和创新意识等。若要参加科研活动，必要的科研技能是必不可少的。在新时代背景下，数据查询和论文写作等技能是每个药学生必备的能力，具备了这些能力，学生不但能解决科研中遇到的难题，还能培养起对科研的兴趣和热爱。了解、参与科研活动，并进行一些基础的科研技能学习，如数据查询、论文写作等技能教学，可以促进学生科研创新能力的培养。①

三是系统学习科研创新能力培养体系。在本科阶段认真学习基础科研指导类课程，包括理论部分（学习基础的科研理论知识）和实验部分（学习科研中常见的技术和仪器的操作），以此筑牢学生的科研基础，提高学生的科研能力。同时参加专家举办的科研系列讲座，了解药学研究前沿热点，开阔药学本科生的视野。若有本科生导师制度，选择有科研能力的教师或

① 苑娟，徐青青，杨欢欢．依托创新项目提升药学专业学生专业技能与创新能力［J］．中国教育技术装备，2019（12）：79-80，85.

药师担任药学本科生的导师，与若干药学本科生组成科研小组，指导药学本科生进行科研探究。① 导师是本科阶段研究小组研究活动成功的关键因素，大多数学生表示导师对自己科研方面的帮助十分重要。研究证明，导师制度是成功的，导师在激发学生的科研兴趣和组织学生开展科研活动方面的作用是不可替代的。提升创新能力涉及以下几方面的内容与要素。

第一，奖励好奇之心。发展创新能力的一个常见障碍是感觉好奇是一种胡思乱想。当你对某事感到好奇时，不要斥责自己，而是要奖励自己。给自己一个机会去探索新的课题。奖励自己很重要，但同样重要的是发展内在的动力。有时，创新的真正奖励在于其过程本身，而不是产品。

第二，深化专业造诣。发展创新能力的最好方法之一就是钻研不辍，深化造诣，成为这一领域的专家。通过对课题的深入理解，你将能更好地去思考新颖的问题或者创新的解决方案。

第三，全身心投入。第一步就是要全身心投入地去发展你的创新能力。不要放弃你的努力。设定目标，争取别人的帮助，每天花点时间发展你的创新技能。如果你不为创新投入时间，你将无法发展自己的创新才能。每周安排一些时间，集中花在某些类型的创意项目上。

---

① 蒲成志，郭宇芳，李超，等．本科生科研与创新能力培养［J］．中国冶金教育，2022（2）：71-73.

第四，克服失败的恐惧至关重要。你担心可能会犯错或者你的努力将会失败，这会阻碍你的进步。每当你发现自己有这样的感觉，提醒自己：错误只是过程的一部分。虽然你可能偶尔会在创新的道路上跌倒，但是你最终会实现自己的目标。对自己能力的不自信会抑制你的创造力，这就是为什么建立自信如此重要。记录下你已经取得的进展，表扬自己做出的努力，并且总是设法来奖励你的创意。

第五，乐于冒险也是必要的。当开始发展你的创新技能时，为了提升自己的能力，你必须愿意承担风险。你的努力可能不会每次都成功，但依然会增强你的创新才能和发展未来可用的技能。当你已经有了一些基本的创新技能，重要的是要不断地挑战自己，以进一步提升自己的能力。寻找更困难的解决方法，尝试新的事物，避免总是使用你在过去使用的相同的解决方案。

第六，还要激发新思路的头脑风暴。头脑风暴是一个在学术界和专业领域常用的技术，但它也可以作为开发你创新能力的强有力工具。先把你的判断力和自我批评放一边，然后开始写下相关的想法和可能的解决办法，目标是在一个相对较短的时间内产生尽可能多的想法。接下来，重点明确和细化自己的想法以做出最佳的选择。

第三节　药学生创新实践与反思

一、探索药学实践中的创新机会

在药学领域，药学实践是药学生将理论知识转化为实际技能的关键环节。① 为了培养创新能力，学生可以积极探索药学实践中的创新机会。

第一，问题识别与解决。主动观察并发现药学实践中的问题，包括工作流程和患者护理，然后寻找创新的解决方案。这些解决方案可能包括改进现有医疗流程、引入新技术或方法，以提高效率和质量。

第二，参与质量改进项目。积极参与医疗团队的质量改进项目，提出创新性改进建议，并与团队合作实施创新措施。这不仅能促进团队协作，还能在实际工作中应用创新思维。

第三，持续监测药学研究。关注药学研究的最新进展，了解新的治疗方法、技术和药物。通过将新知识与实际药学经验结合，药学生可以为创新提供实质性的支持。

---

① 薛亚楠，贾连群，曹媛．结合科研项目培养大学生创新创业能力的探索与实践［J］．卫生职业教育，2021，39（10）：29-30.

二、鼓励创新思维和团队合作

创新不仅仅是个体的努力，也需要团队的合作和思想碰撞。为了培养创新能力，药学生可以采取以下措施。

第一，团队合作。积极参与团队项目和协作，与同事和同学一起研究药学问题。促进创新思维的交流并帮助对方创造性地解决问题。

第二，鼓励新想法。鼓励团队成员提出新想法，营造一个开放的团队环境，使每个成员都有能力分享他们独特的见解。这有助于激发创新思维，推动团队向前发展。

第三，促进跨学科合作。促进与其他学科的交流，将不同学科的观点应用于药学实践。跨学科合作可以为创新提供更丰富的思考方式和更广阔的视野。

三、持续学习和反思

药学生必须持续学习并反思自己的发展，因为创新能力的培养是一个持续的过程。为了保持对药学领域最新进展的了解，鼓励药学生参加学术会议、研讨会和持续教育课程，以不断学习新知识和新技能。在学习和实践过程中，药学生还应该定期进行反思，总结经验教训，思考自己的成长和发展方向。这有助于不断完善和提升创新能力。

通过在药学实践中寻找创新机会、鼓励团队合作和持续学习反思，药学生将能够逐步培养和发展出色的创新能力，为未来的药学事业做出积极的贡献。

第八章

药学生职业礼仪教育

第一节　礼仪与药学生职业礼仪

礼仪在人际交往中占据重要地位，是通过规定或约定俗成的程序和方式展现自律和尊重他人的行为。它涵盖修养、道德、交际、传播和审美等方面。修养是礼仪的基石，它体现了个人的素质和教育水平；道德是礼仪的灵魂，它引导人们在行为上做出正确的选择；交际是礼仪的舞台，它要求人们在社交场合中得体、恰当地与他人互动；传播是礼仪的媒介，它使得礼仪知识得以广泛传播；审美是礼仪的升华，它让人们在追求美的过程中不断提升自己。

中国自古以来就被誉为礼仪之邦。而礼仪作为一种社会规范和行为准则，在中国传统文化中有着举足轻重的地位。孔子在《论语·季氏篇第十六》中曾言："不学礼，无以立。"而荀子在《荀子·修身》中也提到："人无礼则不生，事无礼则不成，国家无礼则不宁。"这些古代先贤的言论，无不从各个角度强调了礼仪在人的成长、事业发展乃至国家安定中的重要作用。

药学生职业礼仪是礼仪的一个重要分支，它包括形象礼仪、职业道德礼仪和工作礼仪等方面，它要求药学生不仅具备医药知识和技能，还要展现良好的职业形象和道德风范。因此，药学生职业礼仪的重要性不言而喻。首先，它有助于树立药学生的良好形象，增强患者的信任度。其次，药学生职业礼仪能够减少医疗纠纷的发生。最后，药学生职业礼仪能够促进良好医德医风的形成，有利于形成积极向上的工作氛围。因此，我们应该高度重视药学生职业礼仪的培养与实践，让每一位药学生都能够在职业生涯中展现出优秀的职业素养和道德风范。

第二节　药学生职业礼仪素养现状

一、药学生礼仪素养有待提升

近年来，药学生礼仪素养问题备受关注。作为未来的医药行业从业者，药学生的礼仪素养不仅关乎个人形象，更关乎行业文明。然而，当前部分药学生的礼仪素养存在不足，如行为举止不当、着装不恰当、用餐不文明、人际交往困难等。这些问题不仅影响药学生的个人形象和生活质量，也影响医药行业的前景和社会和谐。

为了解决这些问题，高校应加强对药学生的礼仪教育，引导他们树立正确的价值观和行为规范。同时，教师和学校也应发挥榜样作用，通过多种形式的活动激发药学生参与文明建设的积极性。药学生礼仪素养的提升需要全社会的共同努力和药学生自身的积极改变，才能培养出既具备专业知识又具有良好礼仪素养的医药行业从业者，为社会的和谐与进步贡献力量。总之，药学生礼仪素养问题亟待解决，高校、教师和药学生应共同努力，提升药学生的礼仪素养，为医药行业的文明和进步贡献力量。

二、高校对于药学生礼仪教育的重视程度不够

钱颖一教授在《中国教育的首要问题：培养不了真正的“人”，“杰出人才”又从何而来》一文中，深刻指出了中国教育面临的核心问题：如何培养出既具备专业素养，又拥有全面人格的真正“人”。他指出，教育的根本目的不仅仅是传授知识和技能，更重要的是培养人的素质、塑造人的价值，以及对文明社会的建设做出贡献。而在当前的教育环境中，中国面临

的一个主要挑战是人的素养的“均值”偏低且“方差”偏大，这严重制约了我国实现“人的现代化”的进程。

高校作为培养高质量人才的摇篮，偏向应试教育，过度强调技能型人才培养，却忽视了礼仪素质的培养。这导致许多药学生对礼仪课程缺乏重视，影响教育效果，也影响他们未来的职业发展。礼仪素质是综合素养的重要部分，体现道德、社交和文明程度。高校中，礼仪课程常被边缘化或忽略，这使得药学生缺乏礼仪知识和素养。然而，企业和社会需要的是既具备专业技能又具有良好礼仪素养的复合型人才。因此，高校应重新审视教育模式，加强礼仪素质培养，使其成为高等教育的重要部分。为实现此目标，高校可增加礼仪课程学时和比重，将其纳入必修课程，邀请专家授课，举办礼仪活动和实践项目。总之，高校应注重学生全面素养的培养，特别是礼仪素质，培养真正具备专业素养和全面人格的人才，为我国现代化做出贡献。

三、师资队伍建设不足

古语有云：“学高为师，身正为范。”这句话深刻揭示了教师的双重标准：不仅要有深厚的学识，更要有高尚的品德和得体的举止。教师不仅是知识的传播者，更是学生品德形成的引路人。

近年来，高校教师的专业素养提升显著，但礼仪教育存在师资不足的问题。许多礼仪教师是兼职，且未受过相关专业培训，难以传授礼仪精髓。礼仪不仅体现在仪表仪态，更注重内在修养，涉及言谈举止、待人接物等方面。知礼仪的教师能启迪学生知识，影响学生的品德和气质。在药学专业领域，学生虽专业技能突出，但人际交往、团队合作方面不足，这也与缺乏礼仪教育有关。此外，教学方法的单一和陈旧也是当前高校礼仪教育面临的问题。很多教师仍然沿用传统的“填鸭式”教学，教学方法缺乏创新性和趣味性。这样的教学方式很难激发学生的学习兴趣，也难以达到理想的教学效果。相反，如果能将礼仪教育与实际生活相结合，通过生动有趣的案例和实践活动来引导学生学习和体验，那么效果将会大不相同。

药学礼仪在日常工作中体现为药学工作者与患者之间、医药人员之间的行为规范。根据药学专业工作者的工作岗位不同，药学礼仪主要分为医院药学礼仪、药店药学礼仪、医药代表礼仪等。

（一）医院药学礼仪

医院药学礼仪是药学工作者在医疗服务中的行为准则。在医院环境中，药学工作者以药师的身份服务患者，他们的衣着、表情、体态和语言都直接影响着患者和家属的感受。整洁的隔离衣、醒目的工作牌、温和自信的神态以及简明扼要、通俗易懂的话语，都能为患者带来安全感、亲切感和信任感。这种关心、尊重和重视患者、真正将患者的利益放在首位的态度，展现了药师爱岗敬业和救死扶伤的人道主义精神。

（二）药店药学礼仪

药店药学礼仪同样重要，它涵盖了服饰、举止、语言、表情等多个方面。药店作为服务性行业，店员的服务礼仪直接关系到顾客的购药体验和药店的形象。规范的着装、整洁的仪容、清新的言谈和落落大方的举止，都能为顾客营造一个温馨舒适的购药环境。此外，《药品经营质量管理规范》对药店从业人员提出了明确要求，如佩戴工作牌、穿着整洁卫生的工作服等，这进一步强调了药店药学礼仪的重要性。

（三）医药代表礼仪

医药代表作为药品营销人员的重要组成部分，其礼仪形象同样不容忽视。医药代表的基本素质和礼仪规范直接关系到企业形象和行业形象。仪表端庄、仪容整洁、言谈友善、举止优雅是医药代表应具备的基本礼仪要求。此外，守信守时、讲究信誉也是医药代表的行为准则。在营销过程中，良好的语言表达能力和综合协调能力是医药代表必备的综合能力之一。

第三节　药学生职业礼仪素养提升策略

《公民道德建设实施纲要》中指出："学校是进行系统道德教育的重要阵地。""开展必要的礼仪、礼节、礼貌教育活动，对规范人们的言行举止，有着重要的作用。”因此，高校应该立足社会发展和药学生的实际特点，积极探讨如何更好地开展职业礼仪教育，提高药学生个人修养，帮助他们更好地融入社会，主要从以下几方面开展礼仪教育。

一、营造良好校园文化氛围

校园文化氛围的塑造不仅关系到学生的精神风貌，更是培养学生综合素质的重要一环。对药学专业的学生来说，除了扎实的专业知识和技能，良好的行为规范与礼仪修养同样不可或缺。良好的校园文化氛围能够为药学生提供一个积极向上的成长环境，促使他们养成良好的行为习惯。高校应重视校园文化建设，通过多渠道宣传文明礼仪的重要性。利用校园广播播放相关短片和音频，同时在药学生经常出入的场所设置展板展示礼仪知识和实例。此外，开展形象大使选举、辩论赛、演讲会等活动，锻炼学生能力并使其深入学习礼仪内涵。高校还可以通过组织礼仪讲座和研讨会，邀请专业人士讲解礼仪知识。这些举措都有助于扩大礼仪知识影响力，启迪和熏陶药学生养成良好行为规范，为未来职业生涯奠定坚实基础。此外，高校应积极营造优秀校园文化氛围，引导药学生提高礼仪修养和个人素质。

二、礼仪教育要纳入高等教育课程体系

首先，我们必须明确礼仪教育在高校药学生培养中的重要性。礼仪不仅仅是表面的礼节和仪式，更是一种深层次的人文素养和道德行为的体现。因此，高校在人才培养方案中要明确地将礼仪课程纳入必修课程范畴，使其与专业课并驾齐驱。此外，为了培养药学生的兴趣和特长，还可以开设礼仪相关的选修课程，使他们能够更全面地发展自己的道德行为习惯和人文素养。药学生作为未来的医药行业从业者，他们的道德素养直接关系到患者的健康和生命安全。因此，高校应当转变课堂教学理念，在注重药学生专业技能培训的同时，更加注重礼仪教育的融入。在具体的课程设置上，高校需要巧妙地将礼仪内容融入课程教学当中，如医学伦理学、药学导论等课程，都可以加入礼仪教育的内容。这不仅可以提高药学生的专业素养，还可以有效提升他们的职业素养。此外，应注重求职礼仪中的职业礼仪，如社交礼仪、接待礼仪、宴请礼仪、涉外礼仪等，帮助即将毕业的药学生尽快进入求职状态，为他们的职业生涯奠定坚实的基础。为了保障礼仪课程的教学质量，高校还应提供充足的物质保障。例如，建立形体室、礼仪模拟实训室等，并配备相关的礼仪训练设备设施。这样可以让药学生在实践中学习和掌握礼仪知识，提高他们的实际操作能力。

三、礼仪教育要坚持理论与实践相结合

高校教育，尤其对药学专业的学生来说，其核心目标在于培养具备扎实专业知识和实践操作能力的人才。除此之外，还应将礼仪教育融入药学教育中，这不仅是学生全面发展的需求，也是社会对高素质药学人才的期待。

礼仪，作为一种行为规范，其实践性极强。单纯的理论讲解对高校药学生来说可能并不难理解，但让他们在实际中自如地应用礼仪，展现自己的修养，是一项挑战。因此，礼仪教育需要坚持理论知识讲授和实践训练相结合的教学方法，以达到良好的教学效果。首先，将实践引入课堂，增加实践教学的比重是至关重要的。教师应充分认识到实践教学的重要性，避免课堂教学过于理论化。通过将实践融入课堂，适当增加实践教学的课时比重，可以使学生更好地理解和掌握礼仪知识。在课堂上，教师可以通过演示、示范、模拟等实践形式来展现礼仪理论内容，帮助学生直观地理解礼仪的具体应用。其次，教师应鼓励药学生积极开展探讨，独立思考。通过启发式教学，激发学生的主动性和创造性，营造一种愉快的教学气氛。这种氛围不仅有助于提高学生的礼仪水平，还能培养他们的团队协作能力和沟通能力。最后，礼仪教育还应注重细节和实证研究。教师可以通过引入具体的案例和统计数据，让学生了解礼仪在药学领域的重要性和应用价值。例如，可

以分享一些成功的药学专业人士在礼仪方面的表现，以及这些表现如何帮助他们在职业生涯中取得成功。这样的案例分享可以让学生更加直观地理解礼仪的重要性，并激发他们学习礼仪的热情。

四、提高医学院校教师的礼仪素养

俗话说“身教重于言传”，它强调了在教育和知识的传授过程中教师行为示范的重要性。对药学生来说，教师不仅是知识的传播者，更是他们未来职业生涯的引路人。因此，药学专业授课教师必须高度重视自身道德素养和人文素养的培养，以身作则，为药学生树立正面的榜样。

为形成良好的行为规范，教师们需严格要求自己的一言一行。男教师不得在校园内吸烟，这既是对个人健康的负责，也是对学生的负责。除了行为规范，教师的仪表仪态也是培养学生礼仪意识的关键，妆容、发型、衣着等适当得体，积极影响学生。同时，为解决师资不足的问题，医学院校需采取多项措施。第一，根据药学生数量招聘优秀礼仪教师，要求教师具备丰富礼仪知识和良好教学能力。第二，对教师进行礼仪理论、教学方法等培训，由知名专家负责。与专家合作可提高培训质量，为学校带来更多资源。第三，改进教学方法。运用多媒体等手段，如播放礼仪教学视频和案例，使学习更直观。第四，利用在线学习平台，如腾讯课堂、雨课堂等，提供丰富的教学资源，鼓励学生上传礼仪训练内容，促进参与和实践。第五，教师点评和同学互评可激发学习热情，帮助学生认识不足和进步，为其未来职业生涯奠定基础。

第九章

药学生情绪管理能力

第一节　什么是情绪管理

情绪管理是个体在生活中应对各种情绪体验的能力，对药学生来说具有特殊的重要性。药学专业要求学生具备高度的专业知识和技能，同时他们也面临着较大的学业压力和职业挑战。良好的情绪管理能力可以帮助药学生更好地应对这些挑战，提高学习效果和职业发展。

第二节　情绪管理对药学生的重要影响

药学作为一门融合了科学、技术与人文关怀的学科，要求学生具备扎实的专业知识、严谨的实验技能以及良好的沟通技巧。在这个过程中，情绪管理能力成了不可或缺的软实力。面对繁重的课业负担、复杂的实验过程以及未来工作中可能遇到的各种挑战，药学专业学生若能有效管理自己的情绪，就能更好地应对压力，保持积极向上的心态，从而提高学习效率和工作质量。

情绪管理有助于提升药学生的自我认知。通过识别、理解和调节自己的情绪，学生能够更加清晰地认识到自己的优势和不足，进而采取针对性措施进行改进。这种自我反思和成长的能力，对于培养具有创新思维和问题解决能力的药学人才至关重要。

良好的情绪管理能力是建立和谐医患关系的基石。药学专业的学生未来很可能成为医生、药师等医疗团队的成员，直接面对患者及其家属。在面对疾病、痛苦和不确定性时，患者往往情绪波动较大，需要医护人员提供情感支持和专业指导。药学生能够运用情绪管理技巧，以同理心倾听、耐心解释，有助于缓解患者的焦虑和恐惧，增强治疗信心，从而提升医疗服务的质量和满意度。

此外，情绪管理还有助于药学生在团队合作中发挥积极作用。在科研、临床实习或药物研发等项目中，团队成员间的有效沟通和协作至关重要。良好的情绪调节能力能够促进团队成员间的相互理解和尊重，减少冲突，增强团队凝聚力，共同推动项目的顺利进行。

第三节　药学生情绪管理的实践探索

情绪管理对药学专业学生而言，不仅是个人成长的需要，更是专业发展和职业成功的关键。在心理层面，药学生正处于塑造稳固个性和价值观的重要阶段，即“心理断奶期”，此时他们的压力应对机制尚未完全成熟。在实际生活中，药学生需要应对来自学业、生活琐事、情感关系和未来就业等多方面的挑战，这些累积的压力对他们的心理健康造成了严峻的挑战。药学生是否对“压力”有正确的理解，他们是否能有效应对各种“压力”？对压力问题的进一步认识，是他们大学生涯中不可或缺的一课，更是他们构建幸福人生的关键“密码”。

就业竞争激烈，导致心理压力加大。我国高等教育逐渐普及，药学毕业生数量剧增。然而，医疗岗位减少，用人单位要求提高，使得药学生就业竞争加剧。部分单位要求药学毕业生具备技能认可资格，这些增加了学习压力。因此，越来越多的药学本科生选择考研或出国深造，导致学习压力进一步增大。

学业任务繁重，导致心理压力大。医药专业承担重大社会责任，要求学生掌握丰富的医学基础和专业知识。因此，药学生需学习大量专业课程，时间安排紧凑。除了课堂学习，医学院校还注重实践能力的培养，鼓励学生参与各类课外科研项目。然而，医学教育内容丰富，体系复杂，考试难度较高，对学生的知识储备和实践能力有着严格的要求，使医药学生长期处于高度紧张的学习状态，心理负担增大。

家庭期望值过高，导致心理压力大。研究发现，药学生学习压力感受性最强的是家庭期望压力。大部分药学生因父母、老师或亲友建议选择医药专业，少部分因调剂或不明确填报志愿，对于后期的学习造成心理压力。还有就是贫困家庭、独生子女、离异家庭、家庭教育关注度等因素，都会影响学生学习的积极性。

自身调节能力弱，导致心理压力大。许多曾是高中佼佼者的学生进入医学院校后，因面对众多优秀人才而产生心理落差，若无法正确审视自己和接受现实，易导致自信心不足、逃避学习、自我否定等问题。相反，一部分学生因环境变化和压力消失而过于放松，遇到问题时无法正视挫折和现实，容易陷入后悔与埋怨，产生沉重负担和无形压力。

情绪对身心健康有重要影响。生气、恐惧等情绪会导致不良生理反应，如心跳加速、血压升高。长期消极情绪可能引发身体健康问题，如焦虑、抑郁症等。药学生初入大学，面临生活、学习压力，若情绪得不到疏解，可能出现身心健康问题或不良嗜好，如沉迷网络、吸烟、酗酒等。

适应大学学习和人际关系是另一挑战。学生需适应新的学习方法、环境和教师授课方式。若遇到问题无法及时得到指导，易产生困惑。图书馆或公共教室自习也可能导致不适应。这些问题若未解决，学生可能感到挫败和不安全，出现交流障碍和厌学情绪。网络成瘾是自制力差、自控能力不强的学生的常见问题。若负面情绪未及时发现和控制，可能内化为学生的性格，影响他们的身心健康、学习、工作和未来生活，甚至扭曲其世界观、人生观、价值观。因此，面对如此压力，药学生需要学会有效调节情绪，积极寻求支持和帮助，以确保身心健康，顺利完成学业，并为成为优秀的医疗工作者打下坚实的基础。

第一，引导高校药学生合理认知情绪。情绪管理的首要步骤是正确认知情绪。不同人对同一事物有不同的看法和态度，这导致不同的情绪反应。药学生应尊重他人，合理表达自己的情绪。情绪是主观体验，无所谓好坏，关键在于如何看待引发情绪的事件。例如，面对考试失败，教师可通过引导学生改变对失败的认识，从失败中学习，完善自我，从而避免其消极情绪的进一步发展。

第二，掌握情绪管理的方法。引导学生培养正确的情绪管理方法。一方面，学生应学会察觉自己的情绪反应，并了解他人的情绪，以建立良好的人际关系。另一方面，要合理表达情绪，避免掺杂主观思想或情绪。面对压力，可尝试心理学方法释放压力，调整心理状态，避免不良情绪。药学生应认识就业紧张形势，恰当调节工作预期，提升专业知识和实践能力，以顺利就业。

第三，注重加强学生家庭健康教育，创造学生心理健康良好环境。药学生的情绪和心理管控能力受到家庭养育及教育模式的重要影响。首先，家长应有科学认识，做好榜样，积极关注和教育引导孩子。其次，营造民主氛围，让孩子充分表达观点，采用民主教育模式，多关心爱护孩子，科学教育，合理管控情绪。最后，创造欢乐、轻松、亲密的家庭环境，让孩子更积极阳光，提升情绪和心理管控能力。

第四，组织开展活动，加强校园环境建设。促进学生形成积极情绪的重要性在于对情绪管理的重视。为此，学校需创造优质校园环境，营造积极向上的文化氛围。通过有效宣传心理健康知识，可培养学生积极情绪。高校可通过举办多样化活动，利用班级、党团支部、社团等学生团体，充实学生课余生活，激发学生潜能，提升学生交流能力和情绪管理。鼓励学生参与社团活动，利用闲暇时间提升综合素质能力，提升情绪管理的技巧。通过围绕“3·25”心理健康教育月和“温暖校园，强‘心’筑梦”双十活动，组织开展“敞开心扉，快乐成长”心理情景剧比赛、药学生朋辈心理辅导技能大赛和药学生心理微电影大赛等活动，从朋辈引领、师长帮扶的角度，注重对学生的人文关怀和心理疏导，帮助学生克服自卑、胆怯等心理，培育其自尊自信、理性平和、积极向上的社会心态。

第十章

药学生团队协作能力

一群人，一件事，一条心，一起拼。有句古话：“千人通信，则得千人之力；万人异心，则无一人之用。”正因如此，团队精神，它无时无刻不在我们身边发挥着强大的作用。在当今社会，团队协作已经成为完成各项任务和实现目标的关键因素，随着全球一体化进程的加速，团队协作能力变得越来越重要。可以说，协作是一种力量，更是一笔宝贵的精神财富。不论是大学生还是职场人，唯有善于与人合作，才能获得更大的力量，争取更大的成功。

第一节　什么是团队协作

蚂蚁很小，创造出的奇迹却令人叹服。在草原上野火烧起的时候，众多蚂蚁迅速聚拢在一起，紧紧抱成一团，然后像滚雪球一样飞速滚动直至逃离火海。在滚动过程中，蚂蚁球发出噼里啪啦的烧焦声，那是最外层的蚂蚁用自己的身体为整个集体开拓生路发出的呐喊。①

蚂蚁的成功逃离靠的就是团队力量。对蚂蚁这样一个弱小的物种来说，面对类似的灾难难以独自逃出生天，但我们看到的是蚂蚁能在这个时时刻刻存在着各种天灾人祸的环境中留存下来，生生不息。使蚂蚁能以绵薄之力存身于世的是它们有组织、有秩序的群体，我们称之为团队。

团队协作（team collaboration）是指一群有能力、有技能的人聚在一起，为了一个共同的目标而努力、协作完成任务。团队成员在项目中分别承担不同的角色，通过有效的沟通、协作、支持和反馈，共同解决问题，达到共同的目标。

所谓团队精神，它是团队成员都认可的一种集体意识。团队精神是高绩效团队中的灵魂。简单来说，团队精神，就是大局意识、服务意识和协调意识。反映团队成员的士气，是团队成员价值观与理想信念的基石，是凝聚团队力量，促进团队进步的内在力量。

大雁能够飞越千里，完成南北迁徙，不是因为它本身有多么强大，而是因为它们能够团结起来，目标一致，群策群力，共同努力，完成了独自难以实现的迁徙。我们的团队工作就像

---

① 拜恩．力量［M］．王莉莉，译．长沙：湖南文艺出版社，2011.

雁群，任何一个离群的大雁都完不成迁徙。任何一个脱离团队的人，都很难将工作做得完美。要想达到成功的彼岸，就要将个人的生存和目标同团队紧紧联系起来，通过团队的协作，让自己飞得更高。

第二节　团队协作的重要意义

一、团队协作活动

大学生团队协作是培养学生综合能力和实践能力的重要途径，以下是一些适合药学生团队协作的活动和方法。

课题项目。学生通常会需要组建团队参加一些专业学习和创新创业类课题项目，如课题研究、实验报告或者小组论文。学生们需要共同收集资料、分析数据、撰写报告，并在整个合作过程中相互支持、互相学习。

学生社团。进入大学，很多学生会根据自己的兴趣爱好加入各种学生社团组织，如学生会、摄影社团、戏剧社团、体育社团等。这些社团活动也需要团队成员之间的紧密协作，共同策划和组织，以便更好地为社团成员提供服务。

创业团队。在“大众创业、万众创新”的时代大潮中，越来越多的大学生凭自己的兴趣和创意萌生自己的创业项目。广西是一个多民族聚居自治区，有着丰富的中药资源和药用植物资源，在这种利好环境下，可以与志同道合的同学在教师的指导下组成创业团队，共同开展项目研究或服务、进行市场调研、制订营销策略等，积极投入创业实践。

公益活动。大学里经常会组织一些公益活动，如健康义诊、用药宣教、环保活动、慈善义卖等志愿服务。同学们通过组成协作团队，共同策划和组织活动，参与到各类社会志愿服务实践中，更好地服务社会。

各类赛事。大学里会有各种专业知识竞赛、文化体育活动类比赛，学生们可组成团队参加，相互研讨、共同训练，发挥各自的优势，促成团队目标的达成。

把新绿小心栽种，用梦想去施肥，让团结之根深入校园的土壤。学会团队合作是人生的必修课，每一个人都需要融入集体，在集体中发挥自己的光和热，更好地促进自己成长成才。

二、团队协作的重要性

对大学生来说，团队协作是一项至关重要的能力。无论是在学习中还是在未来的职业发展中，团队协作能力都是一个不可或缺的技能。团队的力量远大于一个人的力量，协作能充分激发团队成员学习的动力，正所谓“人心齐，泰山移”。

提高效率。团队成员分工合作，各司其职，各自负责自己擅长的领域，可以有效地提高任务完成的速度和效率。

增强创造力。团队成员通过交流和合作，共享知识和技能，从而更好地激发新的思路和创意，增强创造力。

提升沟通能力。团队合作可以锻炼成员的沟通能力，使其学会更好地与他人交流和合作，大家通过集思广益，分享自己的观点想法和策略，寻求最佳解决方案，从而更好地提高了解决问题的能力。

增强责任感。团队成员拥有不同的背景、知识和技能，团队合作有助于提高团队成员的多样性和责任感，从而提高他们的工作积极性和参与度，更好地应对各种挑战。

三、团队协作在药学领域中发挥的作用

团队协作在药学领域中扮演着至关重要的角色，不仅对个人成员的职业发展和素养提升具有深远意义，同时也对整个团队的发展和绩效产生了显著影响。在这个高度技术密集且变化迅速的行业里，药学专业的团队合作能够促成多个目标的达成，并有效推动科学研究、医疗服务、教育培训等各个领域的进步。

在药学研究与开发领域，药物化学家、生物学家、临床研究人员等不同背景的专家通过团队合作，充分利用各自领域的专业知识和技能，将不同的思想和观点结合在一起，从而提出更加全面、创新和有益的解决方案，有助于创新药物的研发和转化，推动整个药学行业不断进步和发展。

在临床实践中，由医生、药师、护士等多种专业人员构成的团队同样需要密切协作，以确保患者能够获得最安全、最有效的治疗。各类医护人员之间的有效沟通和团队协作，能够减少医疗事故的发生，提升他们的医疗服务的质量和效率，救治更多患者的生命。

在药学教育中，学生团队合作被广泛采纳来培养他们的合作精神，提升他们的沟通技巧和问题解决能力。通过参与小组研讨、项目论证、团队支持，学生可以领会团队合作的重要性，理解不同角色在团队中的作用，提升应变能力、团队管理技能和实践操作经验。这种以学生为主体的团队合作培养，不仅有利于培养出更多具备合作意识和创新能力的药学人才，也能促进药学教育整体水平的提升。

没有完美的个人，只有无敌的团队，团队中的队员若能取长补短、相互协作，便能造就一个好的团队。① 但现实生活中，因为一个团队由各式各样的人组成，在协作过程中必定也会遇到种种阻碍，那么，影响团队协作的因素有哪些呢？

（一）缺乏信任

信任是团队的核心，没有信任，团队协作则无从谈起。这就需要各成员建立一种团队的信念，相信团队成员的言行都是出于好意，能敢于承认自己的缺点和不足，勇于接受彼此的批

① 兰西奥尼．团队协作的五大障碍［M］．刘向东，栾羽琳，译．北京：中信出版集团，2022.

评，把全部精力都集中到工作上，而不必过分小心或者互相戒备。

（二）惧怕冲突

良好而持久的合作关系，往往需要积极的冲突和争论来促使其前进。积极争论目的是要在短时间内找到最佳的解决方案，能更快速、更有效地解决问题。这里所说的积极争论一定是对事不对人，不能存在人身攻击，不抱有不满或者怨恨。但现实中，团队里常常会出现成员在谈论时拐弯抹角，发表意见时含糊谨慎，回避思想的建设性冲突和交流，追求表面的和谐，实则是逃避，或者进行消极的争吵，产生个人矛盾。

（三）欠缺投入

优秀的团队要全力投入，才能在短时间内阐明问题，达成明确的共识。在很多情况下，追求意见的绝对一致、团队的指令或者主要工作任务模糊、团队成员对已经做出的决定反复质疑，往往让讨论陷入僵局而无法达成一致，使组织内部长期陷入深层次的无法解决的矛盾中。

（四）逃避责任

在团队协作中，有时候会涉及管理和工作质量问题等一些敏感的内容，团队成员为避免人际关系的紧张或者不快，把责任压在团队负责人一个人身上，在看到一些有碍于集体利益的不妥行为时，不及时给予提醒，造成团队整体效益的损失。优秀的团队成员通过担当责任来直面问题，促进彼此之间的尊重和信任。

（五）忽视成果

在一个团队中，缺少相互监督和问责的氛围，自然会忽视工作成果。当部门分支的利益甚至于个人利益凌驾于团队利益之上时，团队目标总会被有意无意忽略。团队成员如果只注重个人职业前途和目标，为了个人职位或者职业前途而牺牲集体利益，团队就会容易走向解体。这就像一个环环相扣的链子，断了一个环节，都会让团队协作走向恶化；而健康积极具备凝聚力的团队刚好与之相反，团队建设需要高度持久的纪律性建设和价值共识。

究其原因，造成团队协作中“五大障碍”的原因主要有以下几方面。

沟通障碍。由于每个人所处的家庭环境、成长背景、地域文化、认知能力等不一样，因此沟通方式、用语习惯和表达能力也各有不同。这可能导致团队成员之间的信息传递不畅，理解出现偏差，进而影响团队协作的效率。

性格差异。每个人都有自己的性格特点，就会造成有些人可能在独立工作时能发挥自己的优势和价值，而有些人则需要在团队合作和支持中更容易发掘自己的潜能。因此，性格差异是团队中无法回避的现象，也会影响团队成员的工作方式和相互之间的交流。

职责不清。在团队协作中，如果角色分配不明确，团队成员在项目中承担的责任不清晰，就会导致工作进展缓慢、效率低下。而因部分成员承担过多的工作，而其他成员承担较少或者无所事事，会加剧团队成员心理的不平衡，引发团队成员之间的矛盾，进而影响团队目标的达成和实现。

领导力不足。团队协作需要强有力的领导负责提供指导，并为团队制订长远计划和目标，在适当的时候代表团队处理组织内外部的关系。如果团队领导能力不足，可能导致团队目标不明确、决策不果断、成员积极性受挫、绩效目标受影响等问题，进而影响团队协作。

团队精神缺失。团队协作需要成员们具备团队精神，愿意为了团队目标和利益做出贡献，有一定的集体荣誉感，才能增强团队成员的归属感、责任感和信任感，有效提高团队的协作能力和工作效率。如果团队成员过于注重个人利益，缺乏团队精神，可能会引发团队成员之间的冲突和矛盾，使得团队活动难以按时保质完成。

因此，团队协作需要把握一些关键要素。共同目标是团队存在的基础和凝聚力的来源，成员之间需要具备多样化的技能和知识，以便在项目实施过程中发挥各自的专长，共同解决问题。团队成员还需要具备良好的沟通能力，营造相互支持、信任的积极协作氛围，明确各自的角色和责任，才能提高团队成员的积极性和效率。此外，一个有效的领导来指导团队成员开展工作，协调和解决团队成员之间的冲突也是确保团队按照既定的计划达成目标的关键。

第三节　如何进行有效的团队协作

《西游记》是中国四大名著之一，讲述了唐僧师徒四人西天取经的故事，也体现了面对各种困难和危险，师徒团结协作的精神，这个团队最大的好处就是互补性，领导有权威、有目标、有坚定的毅力，每一个成员都各司其职，顺利完成任务。可以说，唐僧团队诠释了德者领导团队，能者攻克难关，智者出谋划策，劳者执行有力的团队协作典范。因此，激发团队活力，最重要的就是发现每个人的优点，发挥每个人的特长，让合适的人做合适的事，擅长的人带上进的人，短板相互弥补，成员相互成就，最终打造理想的团队。①

一、提升团队合作能力

一个团队，是由不同的角色组成的。一项国际性研究表明，团队中一般有 8 种不同的角色，它们是实干者、协调者、推进者、创新者、信息者、监督者、凝聚者和完善者。②

---

① 王立．跟《西游记》学员工管理［M］．北京：台海出版社，2013.

② 克里斯坦森．创新者的窘境［M］．胡建桥，译．北京：中信出版集团，2020.

对这8种不同的角色的研究表明：每一种角色的作用是不同的，但他们的工作都能推动团队走向完美。

团队强调的是协同工作，因此团队的工作氛围很重要，它直接影响着团队的合作能力。在一个团队中，每个成员都有自己的优点和缺点。作为团队的一员，应该主动去寻找团队其他成员的优点和积极向上的品质并向其学习，那么团队的协作就会变得顺畅，工作效率就会得到提高。

团队所依赖的不仅是集体讨论和决策，它同时也强调成员的共同贡献。这种共同贡献需要一个切实可行、具有挑战意义且让成员能够为之信服的目标。只有这样，才能激发团队成员的工作动力和奉献精神。

既然团队合作精神越来越深入人心，团队协作越来越受到人们重视。那么，如何提升自己的团队合作能力呢？

第一，提升沟通表达能力。表达与沟通能力非常重要，不论你做出了多么优秀的业绩，如果不会表达，不能让更多的人去理解和与他人分享，这几乎等于白做。要想在团队里发挥自己的价值，就需要掌握一定的沟通表达技巧，抓住一切机会锻炼表达能力，积极表达自己对各种事物的看法和意见，为团队提供建设性意见和策略。

第二，培育敬业奉献精神。几乎所有的团队都要求成员具有敬业奉献的品质。有了敬业精神，才能把团队的事情当成自己的事情，才会发挥自己的聪明才智，为实现团队的目标而努力。要记住，个人的命运是与所在的团队、集体连在一起的。这就要求我们有意识地参与集体活动，主动去了解团队需要我们做什么，自己想要做什么，全力以赴认真完成好个人承担的任务，养成不论学习还是做其他事情都认真对待的好习惯。要知道，有才能但不敬业的人没人敢用。

第三，涵养宽容合作品质。公司在考察员工时常常会发现，有些人的动手能力很强，点子也不错，但当他的想法与别人不一致时，就会固执己见，不肯与人商量。实际上，集体中的每个人各有各的长处和缺点，关键是我们以怎样的态度去看待。能够在平常之中发现对方的美，而不是挑对方的毛病，培养自己求同存异的品质，这一点对当代职场人士来说尤其重要。[①]这就需要我们在日常生活中，涵养自己的品格，培养良好的与人相处的心态，这不仅是培养团队精神的需要，也是获得人生快乐的重要方面。

第四，培养集体主义观念。团队精神不反对个性，但个性必须与团队的行动保持一致，要有整体意识、全局观念，时刻考虑团队的需要。它要求团队成员之间互相帮助、互相照顾、互相配合，为集体的目标而共同努力。

曾经有这样两个学生：他们共同承担一个项目，但各有分工。其中一位在完成任务的过程中遇到了技术上的难题，但他

---

① 蒋巍巍．向上管理的艺术［M］．北京：人民邮电出版社，2018.

只会自己苦思冥想乱翻书，不屑向坐在他旁边的技术高手请教。而这位技术高手此时不是把他当作共荣共辱的合作伙伴，而是坐在旁边等着看笑话，结果可想而知，他们承担的项目失败了。①

这是我们应该吸取的教训。在工作期间，要有意识地培养全局观念。比如，要建设一个优秀班组，就不能只考虑自己的需要而不关注别人的感受；要建设一个优秀部门，每个人就不能借口自己有这样或那样的事情而不参与集体组织的活动。否则，团队将会像一盘散沙，优秀集体难以形成，个人也很难从中受益。

二、大学生合作能力指南

作为团队领导者管理团队需要掌握以下 7 个方法。

第一，确立清晰明确的目标。团队的目标是团队的灵魂，是团队运行的核心动力。为了使团队的目标更具激励作用，在设计目标时，必须坚持明确、激励、切实可行和共识的原则。

第二，建立有效沟通的机制。建立有效的沟通渠道，让团队成员能够自由、及时、准确地表达自己的观点和情感，这对于增强团队的凝聚力和提高工作效率非常重要。

第三，培养团队合作的精神。通过一些团队活动和训练，

---

① 郑雅君. 金榜题名之后，大学生出路分化之谜［M］. 上海：上海三联书店出版社，2023.

增强团队成员之间的信任和合作精神，这有助于提高团队的整体效率和执行力。

第四，明确成员的工作职责。明确每个团队成员的职责和角色，让他们知道自己在团队中的位置和应该为团队做些什么，这有助于避免工作重叠和不必要的竞争。

第五，开展针对性的教育培训。为团队成员提供必要的培训和支持，帮助他们发展技能和知识，这有助于提高团队的整体能力和水平。

第六，激励团队成员锐气。通过奖励、认可和鼓励等方式，激励团队成员，让他们感到自己的工作得到了认可和重视，这有助于提高他们的工作积极性和满意度。

第七，建立解决问题的策略。及时发现并解决团队中出现的问题，避免问题积累和恶化，这有助于维护团队的稳定性和高效运转。

总之，管理团队需要综合运用多种方法和技巧，不断调整和改进，以适应团队的发展和变化。同时，领导者应该以身作则，成为团队的榜样，引导团队朝着共同的目标前进。

作为大学生都逃不开一个话题，那就是小组作业，这需要小组成员间相互协作，共商共议，共同完成。而事实上，每一个新的学期面对的每一次分组，可谓是几家欢喜几家愁。你是否在无数个深夜一个人熬夜包揽所有作业默默流泪；你是否在小组中毫无存在感，是一个默默无闻路人甲；你是否还在“一带四”，一个人一支队伍面对没有回应的消息框？小组合作的意义不是学会做精美的PPT，不是忍气吞声帮组员署名，更不是学会跟着王牌队友躺平。在这里，为大家提供一些大学小组作业组队指南。

选人靠谱，志同道合。大部分小组都希望自己队友能力强，专业知识过硬，但是在合作过程中，发现靠谱的队友比合适的队友更重要，要寻找志同道合信任之人，不要因为难为情就承担不该承担的任务。团队协作，需要大家共同努力，如果遇到那种功利性特别强的人，一定要及时说不，不管你们当时关系再好，也不要碍于情面，犹豫不决。如果不当机立断地拒绝，后面将会引发各种问题和矛盾。

细化分工，明确责任。团队，就是要团队共事，在小组合作中，每个人自身想达到的目标是不一样的，有人想高质量完成，也有人想应付式交差，不同的人聚在一起，作为组长要善于发现组员擅长的点，细分好各个工作给大家，“分田到户”，这样一份工作量巨大的任务细分后大家一起协作便会更加省时省力。

时常沟通，高效执行。有的小组没人愿意讲话，工作进度十分缓慢。有的小组讨论激烈，但想法各异、互不相让。所以团队要进行有效沟通，统一方向、齐心协力。同时团队里需要一位主心骨来指明方向，合作中注意言与行、人与人相互配合，会使很多问题迎刃而解。

“一个人走得更快，而一群人走得更远。”大学是一场马拉松，适度竞争，学会合作是我们必备的技能。团队协作不仅仅是简单将个人的能力相加，更是通过合作与互补，达到一加一大于二的效果。培养团队协作能力，可以使个人更易达成共同目标获得成功，也更能适应和应对未来工作环境中的各种挑战。

第十一章

药学生时间管理能力

“时间像是海绵里的水，只要你愿意挤，总还是有的。”大学时期是青少年向成人发展的重要时期，也是塑造个人良好习惯的关键时期，如果在这一时期同学们能培养良好的时间管理意识，提升时间管理的技能，那么对大家今后的学习、生活以及职业发展都是极为有益的。管理好时间是大学生成长的一个阶梯，尤其是作为一名医药类专业学生，学习任务较为繁重，学习压力随之增大，学会时间管理，能更有效地提高学习效率，增强职业竞争力，促进个人长远的职业规划和发展。

“凡事预则立，不预则废。”这就要求我们做任何事情都要提前做好规划，早做准备，充分利用好时间。提起谷爱凌，想必大家都不陌生。她被评为最佳极限运动员，也可以说是一个“时间管理大师”，她十分重视时间规划，把碎片时间也利用到了极致。除了带伤训练、比赛，谷爱凌作为大学生，还要在训练和比赛间隙完成作业和论文。这位“时间管理大师”甚至在此前赶飞机回国期间，也在敲键盘赶论文。赛后接受采访时，谷爱凌介绍，她在决赛前的早上刚交了一篇期末论文，“我现在正在期末考试，昨天一天都没动，写了12小时的论文。明天还要交一份论文，大后天还有个考试”。一些网友开始诧异：“写论文的间隙比了个赛，还不小心拿了个冠军！真的很佩服，全是正能量。带着肩部韧带撕裂伤，一边赶期末论文一边上场领先第二名12分……”

同样是一天24小时，有的人每天忙得不可开交，却徒劳无功；有的人却能高效平衡工作和生活，把日子过得有滋有味。由此可见，真正能拉开人与人差距的，就是一个人对时间的管理和利用能力。

身处快节奏时代的年轻人，面对高转速的信息洪流，每天都有无数诱惑将我们拖入时间的黑洞，学习、工作、加班、吃饭、追剧、熬夜、赖床……日复一日的恶性循环不断吞噬着我们的时间和生命，我们从未像现在这样需要求助于“时间管理”。然而时代更迭的速度早已超越了时间管理体系更新的速度，我们可能在尝试了五花八门的时间管理方法后发现它们并不能解决我们在智能时代面临的问题。

作为一名大学生，时间管理是非常重要的职业素养之一，很多同学在面对学业、社交、娱乐等各种任务时，常常感到无从下手，导致时间浪费甚至出现焦虑情绪。如何科学地进行时间管理，如何培养自律的学习生活方式？这是每一个大学生的必修课。

第一节 什么是时间管理

知己知彼，百战不殆。时间管理就是指将一些手段、技巧、设备等充分运用在实际工作中，更好地对时间进行规划和管理，从而使得工作任务能够高效和高质量完成。具体到大学生身上，就是要有明确的学习目标，形成良好的学习习惯，用最短的时间完成最多的目标，以求时间利用的最大化，提高时间利用的质量。无限的时间，也拥有着自己的特色，这从时间存在哪些原理以及时间管理的方法有哪些中可以体现出来。

服务生效应。心理学家布尔玛·沃夫娜·蔡格尼克（Bluma Wulfovna Zeigarnik）曾经做过一个很简单但是十分有趣的调查：在餐厅里，服务生一天要接待许多客人，每一桌客人需要的餐点他们都能记住吗，他们对什么人的菜单印象更深刻呢？经过大量的调查，他发现，服务生对于那些还没有把菜上全的菜单印象更加深刻。如果这一桌的菜已经上全了，在服务生的脑海里就像有一块橡皮，将这些“完成”的订单都擦掉，他们就很难想起对方点了些什么。这就是“服务生效应”。我们对那些尚未完成的计划和任务印象更深，而对已经完成的事很容易遗忘。

时间“四象限”矩阵。按照“轻重缓急”的原则将事情划分，就形成一个时间矩阵。想要做到高效的时间管理，应该对自己手头的工作进行一定的划分，注重轻重缓急，要知道将自己的精力放在哪些事情上，知道应该先做什么，通过对事项进行等级安排，我们就能将最主要的精力和最优先的级别放在最紧急最重要的事情上，这样才能保证自己的时间被高效率利用。

利特尔法则，也称利特尔定律，是美国麻省理工学院教授约翰·利特尔（John Little）提出来的，主要是用一个简单的数学公式，揭示系统中的物体的数量、物体在系统中的平均等待时间和进入系统的速度之间的关系。简而言之，就是在工作中要加快自己的速度，选择最重要的几件事情去做，学会精简工作，让工作变得更有价值。同时，找到合适的节奏，不去追求短期的极致高效，而是追求长期稳定带来的回报。

特克斯勒消逝效应。当一个人的目光焦点集中在某个固定的位置上 20 秒或者更久后，它就会忽视这个点周围的其他事物。也就是说，在这个人的余光当中，其他的视觉刺激将会渐渐减弱，最终他将只能看到自己目光集中的地方，而余光则无法关注到其他的地方。如果我们将这种专注运用到工作中，每一次都沉浸于一件事，一次只做好一件事，那么我们的效率就会得到显著提升。时间管理也如此，它并不是让我们在有限的时间内尽可能多地去完成任务，而是要将时间最大化利用产出最好的结果，所以专注地去做一件事情，远比什么都要做更好。

时间混乱现象。时间安排在真正实施的时候，往往会受到其他外界或内在因素的影响，导致无法完全将精力放在自己的计划上，所以时间管理并非一种理想化的、对时间的安排，更应该体现在对混乱的处理上。好的时间管理方法是可以将生活中的混乱处理得井井有条的，就是因为有些人有这样的能力，他们才能将自己的时间安排好，而不被烦躁与不知措困扰，预料到混乱的出现，坚持秩序，面对突发事情的时候，学会随机应变，安排和计划都要留有余地。

“80/20 法则”。针对那重要的 20%的内容，我们应该投入 80%的精力去做，而剩下的 80%，只要分散 20%的精力完成就可以。在将要完成的任务中我们要找到重要的工作，学会扬长避短，少在不擅长的工作上面花费时间，严格压缩不必要的琐事花费的时间。

第二节 时间管理的重要性

一、时间管理的必要性

药学专业，作为一门集理论与实践于一体的综合性学科，对学生的知识广度与深度都有着极高的要求。在这样的背景下，时间管理对药学专业的学生而言，显得尤为重要。

药学生是不是也常常觉得时间不够用？每天起个大早去参加早自习，按照课程安排机械式地奔跑于各个教室，课后跑社团、开班会、做实验、回到宿舍刷短视频，每天忙忙碌碌却碌碌无为。之所以会出现这些情况，是因为自己目标不够明确，在思想上没有真正认识和意识到时间管理的重要性，无法较好地平衡生活、工作与学习的时间。

思维决定行为，行为决定结果。如果你想改变生活，首先要改变想法。真正认识和意识到时间管理的重要性是成功进行时间管理的关键。“一寸光阴一寸金，寸金难买寸光阴。”惜时如金就是增进财富储量，因时制宜就是掌握发展变量，分秒必争就是创造价值增量。

从学业负担的角度来看，药学专业涉及大量的专业知识，包括药物化学、药理学、药剂学等多个复杂且相互关联的学科。学生需要在有限的时间内，掌握这些繁杂的知识点，并通过实验、实习等方式将理论知识与实践相结合。因此，合理的时间管理能够帮助学生制订科学的学习计划，确保每一门课程都能得到充分的预习和复习，从而避免临时抱佛脚造成的知识掌握不牢固的情况。

从个人发展的角度来看，药学专业的学生往往面临着繁重的课业负担和激烈的就业竞争。在有限的时间内，学生不仅需要完成学业任务，还需要参加各种学术活动、实习实践以及自我提升的活动，如听讲座、参加竞赛等。这就要求药学专业的学生必须具备高效的时间管理能力，以在繁忙的学业和生活中找到平衡点，实现个人能力的全面提升。

二、影响大学生时间管理的因素

（一）自我因素

1. 个体特征属性

个体特征属性是大学生自身特点、行为习惯等本身客观存在的一些特征属性。这些特征属性主要包括环境适应性、个体以往经验、人格特质、自制力、执行力等内容。大学生以往时间管理的经验、自我控制能力、计划执行能力等这些个体自身所带的属性，会从内部影响大学生时间管理的有效性。

2. 时间管理意识

时间管理意识指学生对时间管理的概念清晰与否、是否了解时间管理的价值和意义，以及学生对时间管理的态度，主要包括兴趣爱好、目标规划、责任感等内容。大学生目标规划是否明确、目标规划中兴趣爱好所占时间比例、是否有较强的责任感等都能反映出其对时间管理的态度，以及其是否具有时间管理的意识。

3. 时间管理技能

时间管理技能是指学生时间管理的技巧、手段和方法，反映的是学生时间管理能力，主要包括制订计划、事务的优先级排序等内容。制订计划可以使其在较短的时间内以更高的效率完成各项任务，而事务的优先级排序直接关系到时间的有效利用。另外，在时间管理过程中要随时反思与调整自己制订的计划或事务的优先等级，这样可以进一步促进时间的有效利用。

（二）外部因素

1. 朋辈影响

朋辈影响主要指日常与学生互动的父母、同学、朋友等群体对其时间管理有效性的影响。这一群体通常具有共同的价值观、文化背景，以及相同的爱好等，是影响一个人成长发展的重要环境因素，主要表现在朋辈对其教育管理和榜样引领作用上。

2. 学校影响

学校影响指学校教学方式、考试制度及授课教师对学生的管理因素对学生时间管理有效性的影响。

3. 环境影响

环境影响指大学生所处的周围环境氛围的影响，主要包括校风学风、班级互动、宿舍氛围等。积极向上的环境氛围可以对大学生的时间管理能力培养起到很好的促进作用。

第三节　如何科学有效地进行时间管理

大学时期是青少年向成人发展的重要时期，也是塑造个人良好习惯的关键时期，如果在这一时期能够养成良好的时间管理意识，提升时间管理技能，那么对今后的学习、生活乃至职业发展都是极为有益的。有效的时间管理可以帮助我们充分利用每一天，从而在学习和工作等领域取得事半功倍的效果。下面给大家介绍一些有效的时间管理方法。

一、三八定律

时间管理专家罗伯特·帕利亚里尼（Robert Pagliarini）曾在他的著作《另外 8 小时》中提出时间管理的“三八定律”。在一天 24 小时中，工作时间、睡眠时间和休闲时间大致各占 8 小时。这个定律强调了时间管理对于个人成长和成功的重要性，拉开人与人之间差距的关键在于如何利用剩下的可自由支配的 8 小时。[①] 这 8 小时的“黄金时间”可以提升个人技能、增进健康、发展兴趣、进行自我投资等，直接影响了人们的生活质量和人生高度。那么，如何把控和规划这黄金时间呢？

---

① 托内利．时间［M］．王烈，译．石家庄：河北科学技术出版社，2023.

首先，我们要养成良好的作息习惯，保持规律的作息时间，才有利于提高工作效率和睡眠质量。其次，要培养自己的兴趣爱好，坚持锻炼身体，进行适度社交，合理安排休闲时间，可以帮助减轻工作压力，提高生活质量。再次，坚持持续学习，为自己设定长期和短期目标，有助于实现人生价值。最后，要克服拖延症，做到按时完成工作任务，为自己的梦想努力拼搏。

二、合理分配时间

科学研究表明，明确的时间规划，有利于我们更高效地完成任务。我们可以根据自身的需求，预先制订好时间计划表。例如，制订日周月计划任务，制成待办清单，并将其划分为“紧急重要”“紧急不重要”“不紧急重要”和“不紧急不重要”四大板块。每天早上或睡前将“四板块”里的任务根据当天情况自由分配。

生理学研究表明，一天中大脑运作有三个黄金时段：上午10点至11点，下午3点至5点，晚上8点到9点。[①] 我们可以将这三个黄金时段专注于“投资”。例如，进行细致的阅读、背诵、备考复习，而余下的时间，可以进行合理的体育锻炼和兴趣拓展，以此来放松心情。松弛有度，收放自如，才能提高

① 李笑来．把时间当作朋友［M］．武汉：长江文艺出版社，2023.

自己的生活质量和个人成长。

三、运用时间管理工具

作为新时代的大学生，我们处于“信息大爆炸”的网络时代，手机、平板和电脑等电子产品几乎不离身，互联网时代的到来，科学使用时间管理APP，可以让我们更快捷有效地进行时间管理。

比如，常见的番茄ToDo、时光序、滴答清单、我要做计划等，都是很不错的时间管理工具，当然还有很多体验感较好的时间管理APP，大家可以多尝试，最关键的是要找到适合自己的方法。这里推荐和详细介绍松弛有度的番茄工作法。

打开“番茄ToDo”APP，你可以选择一个想要完成的任务，设立一个番茄时钟，一个番茄时钟是25分钟，在这25分钟内，你要保持注意力集中，不可以做任何与当前的工作任务无关的事情。等到25分钟之后，番茄时钟提醒你，你就可以开始休息了，每一个番茄时钟之后，你都有5分钟的时间休息，休息时间结束之后，新一轮的番茄时钟又开始计时。如若缺乏一定的自制力，可以通过相关APP来监督自己，可以在开启时强制关闭手机的某些功能。

四、“莫法特休息法”

莫法特休息法是翻译家詹姆斯·莫法特（James Moffat）

提出的，在翻译《圣经》的时候，他发现这种方式可以让自己在工作时也能得到休息，让思维变得更加灵活。莫法特的书房摆放着三张桌子，第1张放正在翻译的《圣经》稿件。第2张放正在撰写的论文原稿。第3张放一本侦探小说原稿，这都是他当时要同时进行的工作。① 每当他在翻译过程中遇到困难或感到疲惫时，他就会选择一种简单的休息方式，换一张桌子去开始另一项工作。可能有人会说这不同样都在工作吗，换来换去又有什么差别？

并非如此，他在转换工作的时候，虽然思维一直是紧绷的，但是因为思考的内容发生变化了，所以会产生一种新鲜感，原本会有的疲劳和惯性思维也会一扫而空，这种穿插进行的工作方式可以让人的想法更加灵活，也会提高做事的效率。

五、时间日志最好的工具：纸笔

请准备一个本子和一支笔，随身携带，哪怕用最便宜的也好，只要能用就行。记录自己每天的时间使用情况，包括工作、学习、休息等，以便更好地了解时间的利用情况，并进行调整和优化。“不积跬步，无以至千里；不积小流，无以成江海。”时间日志可以帮助我们更好地了解时间分配情况并增强时间意识，那么我们要如何坚持写时间日志、使之成为日常习

---

① 詹姆斯．实用主义［M］．陈羽纶，孙瑞禾，译．北京：中国青年出版社，2013.

惯呢？可以尝试以下方法。

第一，设定明确的目标。明确的目标可以使我们更加专注和专一，有助于我们合理安排时间和资源。没有明确的目标，我们很容易陷入无谓的忙碌中，将时间浪费在不重要的事情上，无法取得实质性进展。当我们明确目标并有计划地工作时，我们可以更容易地衡量我们的进展，并在需要时进行调整和优化。

第二，选择合适的记录工具。选择一款适合自己的时间日志记录工具非常重要。可以根据自己的需求和喜好选择纸质笔记本、电子表格、时间追踪 APP 等。

第三，设定固定的记录时间。设定一个固定的时间段，如每天傍晚或晚上，用于记录当天的时间日志。这将有助于我们养成习惯，更容易坚持下去。

第四，保持简洁。记录时间日志时，尽量简洁明了。可以采用 Bullet Journal 或其他简单的记录方式，避免花费过多时间在记录上。

第五，制订计划。在记录时间日志的同时，制订每天的计划和目标。这将帮助我们更好地分配时间和精力，同时也能让我们更清楚地看到计划执行情况。

第六，定期回顾和调整。每周或每月花些时间回顾自己的时间日志，分析时间使用情况，找出需要改进的地方。根据分析结果，调整自己的时间管理策略，使之更加高效。

第七，奖励自己。给自己设定一些奖励，以激励自己坚持写时间日志。例如，坚持记录一周/月/年，给自己一些特别的奖励，如看电影、买一件新物品等。

第八，告诉身边的人。将自己的计划告诉家人和朋友，可以获得他们的支持和鼓励。有时候，一个良好的支持环境可以帮助我们更好地坚持下去。

通过以上方法，可以更好地坚持记录时间日志，并从中获益。关键是要保持积极的态度，不断尝试和调整，找到最适合自己的记录方式和策略。

六、学会拒绝

生活中，我们每天都要处理一件非常重要但又容易被大家忽略的事，就是分配自己的时间。面对突如其来的一些不那么重要的邀约或是无意义的事情，要学会适当拒绝，避免将时间浪费在无关的事务上。人的一生非常短暂，珍惜时间，才能管理好时间。分清哪些是眼前着手要解决的事情，远离无效社交，远离毫无意义和价值的人和事，你会发现可以留出很多时间，专注做自己喜欢的事情，原来生活是这般美好。

人们常说“要与时间赛跑”，从此刻开始改变，把时间当作朋友，越早醒悟越好。让无序变得有序，让不便变方便，让低效变智能，让杂乱变规范，都可以赋予时间以文明价值和进步意义。

最后，给大家推荐时间管理的七条金律。

（一）设立明确的目标

时间管理的重点不在于管理时间，而在于如何分配时间。你永远没有时间做每件事，但你永远有时间做对自己来说最重要的事。时间管理的目的是让自己在最短时间内实现更多你想要实现的目标，这就需要你把4~10个目标写出来，找出一个核心目标，并依次排列重要性，然后依照你的目标设定一些详细的计划，你的关键就是依照计划进行。

（二）改变自己的想法

美国心理学之父威廉·詹姆士对时间行为学的研究发现这样两种对待时间的态度："这件工作必须完成，它实在讨厌，所以我能拖便尽量拖"和"这不是件令人愉快的工作，但它必须完成，所以我得马上动手，好让自己能早些摆脱它"。当你有了动机，迅速踏出第一步是很重要的。因此，不必多想，要对你所拖延的重要事情立刻采取行动。

（三）遵循三八定律

生活中肯定会有一些突发和迫不及待要解决的问题，如果你发现自己每天都在处理这些事情，那表示你的时间管理并不理想。要想获得成功，就应该花最多时间做最重要的事，而不是将时间花在最紧急的事情上。

（四）安排"不被干扰"时间

每天至少要有半小时到一小时的"不被干扰"时间。假如你能有一小时完全不受任何人干扰，把自己关在自己的空间里面思考或者工作，这一小时可以抵过你一天的工作效率，甚至有时候这一小时比你3天的工作效率还要高。

（五）严格规定完成期限

诺斯科特·帕金森（C. Noarthcote Parkinson）在其所著的《帕金森法则》（*Parkinsons Law*）中，写下这段话："你有多少时间完成工作，工作就会自动变成需要那么多时间。"

如果你有一整天的时间可以做某项工作，你就会花一天的时间去做它。而如果你只有一小时的时间可以做这项工作，你就会更迅速有效地在一小时内做完它。

（六）做好时间日志

你花了多少时间在做哪些事情，把它详细记录下来，如果能把每天的工作和学习任务时间一一记录下来，你会清晰地发现浪费了哪些时间。当你找到浪费时间的根源，你才有办法改变。每天晚上用十分钟来进行复盘，以便根据实际情况做出调整和优化。

（七）学会列清单

把自己要做的每一件事情都写下来，这样做首先能让你随时都明确自己手头上的任务。不要轻信自己可以用脑子把每件事情都记住，而当你看到自己长长的清单时，也会产生紧迫感。每完成一项任务用笔划掉时，也会有满满的成就感。

第十二章

药学生网络技能培养

第一节　什么是网络技能

一、网络技能教育的内涵

网络技能也被称为数字素养，是一种通过电脑来整合、理解和分析已存在的网络资源的信息识别能力。如今，随着通信科技的快速发展，人们对网络技能的掌握，已经成了每个人所必备的一项技能。要求对互联网的各种工具有一个全面的认识，对引擎、资源进行分类与整合应用的理解，同时也要在利用网络资源的过程中，自觉地遵守有关的法律、法规和道德修养来规范自己的行为。在大数据环境下，数字素养是网络健康的一个基本要素，这不仅是药学专业大学生自身发展的需要，更是药学专业人才培养的需要。

二、药学生网络素质的培养

在网络信息科技教育发生深刻变化，网络虚拟空间与现实社会的三维融合的背景下，数字素养教育对促进药学专业的大学生适应信息化时代的挑战，实现数字化生存也是十分必要的。网络素质是培养药学专业人才的重要组成部分，是药学专业人才培养的重要内容。新时期药学生数字素养教育对于提高高等教育质量，促进药学专业学生的综合素质具有十分重大的意义，对促进药学专业学生的终身学习观念和适应网络时代发展的需求具有十分重要的意义。数字素养教育可以让年轻的大学生们对网络进行理性使用，促进他们自己去划分真实与虚拟的界限，对网络信息技术、数据、资源等进行创新，并自觉地保持网络空间的健康生态。

在我国，加强大学生的网络素质培养，是构建“网络强国”的重要途径。加强大学生的网络素质教育，对培养合格的人才具有重要意义。在这个快速发展的时代，人们对自身的数字化素质和能力越来越重视。随着教育的不断发展，高校毕业生是信息的生产者、内容的创造者、话题的制造者、服务消费者，以及信息科技革新的推动者，他们对互联网的发展趋势有着深远影响，是构建网络国家的关键资源、宝贵财富和关键后备力量。在从一个网络国家到一个网络强国发展的过程中，不断对大学生进行网络素质的培养，可以增强我们国家的综合国力和国际竞争力。

通过对医药类学校进行网络素质培养，拓展药学专业人才的国际化视野。在当今世界形势日益复杂的今天，怎样指导大学生正确地理解和改变这个社会，是我们每个教育者都要认真考虑的实际问题。药学专业的学生应具有国际意识、国际视野，通过国际对比，增强对伟大祖国的认同，对中华优秀传统文化的认可，对中国特色社会主义发展方向的认同。加强对大学生网络素质的培养，可以帮助他们对整个社会的发展方向和人类的发展过程有一个更为深入的了解，同时也可以帮助他们在了解和理解这个世界的价值取向方面得到进一步的提升，培养他们的创新思维、合作观念、开放意识、共赢理念，拓宽药院学子的国际眼界，让他们更好地成为中华民族伟大复兴中国梦的奋斗者和践行者。

药学生不仅要具备扎实的药剂专业知识，更要有治病救人的责任心和使命感，所以，对药学生的网络素质教育既要体现出育人的职业规范，又要符合网络时代的发展。在药学本科教学中，加强药学院校的网络素质教学，是提高药学专业教学质量的关键。正面、合理的网上信息，可以有效改善药学生的道德品质、知识技能和思想，促进药学生的科学思维，激发他们的创造力。开展与发展网络素质教育，能够对医药卫生的环境进行有效的改进，推动医药卫生事业的发展，使药学专业学生的人际交往、学习方式、思维方式和行为方式得到最大优化，对药学院校的教学和其他工作也起到了很大的推动作用。

三、互联网资讯技术的运用

（一）信息甄别

从古代就存在着虚假消息、消息传递错误的情况，而随着印刷技术的出现和使用，虚假消息的扩散能力大大提高。随着网络技术的发展，虚假信息的危害日趋严重，对虚假信息的识别已被看作一种必备的能力，而作为识别错误信息的一种主要手段，信息甄别已在多个行业、多个情境中得到了越来越多的运用。网络信息分辨能力是指对网络信息的真实性和价值做出准确的评价，而大学生是一个非常有影响力的群体，应该具备一种科学的认知方式，来辨别和评判网络信息中所表现出来的“事实”。

在互联网的开放环境下，每个人都能作为信息的发布者和传播者，这就造成了信息品质的良莠不齐，互联网上的信息也被严重污染，其中不乏一些无用的，甚至是有害的信息，如谣言和伪科学，它们被称为“假信息”。加强大学生的信息素质和识别能力，是增强他们信息识别水平的一个关键途径。学校在对药学大学生进行教育的同时，也要对其进行深入的分析，让他们认识到不真实信息的危害，激励他们增强自己识别错误信息的能力，增强他们的信息道德意识，促进整个社会的和谐。引导其在官方渠道和站点上浏览信息，增强其对不良信息的鉴别能力。

当今社会，药学专业的学生可以获得很多的学习资料，其中最主要的一种就是通过一些具有权威性的网页来增强自己的知识。但是在实际生活中，因为缺乏社会阅历，大学生容易轻信虚假的、错误的信息，将有害的资讯当作官方信息，以至遭到网络暴力，蒙受金钱上的巨大损失。除了辨别是非的能力，药学专业的大学生对于网上的消息也要有一个正确的价值观，药学专业的大学生要做主动的社会主义核心价值观的倡导者，用爱国、敬业、诚信、友善的价值观去对待网上的信息，并对这些内容进行分析和评价。提高药学本科生的网上资讯鉴别水平，应从其实际判断与价值评判两个层面入手。

一方面，要有一定的逻辑思维。在获取网上信息的过程中，无论有多么强烈的情感，都要抱着一种理智的态度，要让鉴别网上言论的真伪、对问题进行辩证、对问题进行合理理解成为一种思考习惯。不要盲目跟风，对网上不良信息要时刻保持警觉。另一方面，要清楚自己所掌握的资讯。网络媒体时代，所有人都成了网络上的资讯提供者，有正式公布的确切情报，有内幕传闻，还有一些为了博取眼球而编造出来的虚假新闻，还有一些是部分网民为了获取更多的信息而胡乱搜索的词条。在众多的信息中，溯源、筛选可信的信息源，是鉴别互联网信息真伪最为直观、高效的途径。为了保证大学生在网上的学习和社交权利，需要学校、家庭和社会多方共同努力。

家庭和学校要发挥积极的引导功能，提高学生的识别能力。大学生对社会的信任程度依次为家人、学校。药学专业在校大学生的心理健康状况、学习能力和学习能力的养成，都与其父母的教育和意识密切相关。在这个数字化的互联网时代，家长们必须顺应互联网的发展趋势，主动利用互联网来进行高效的学习。同时，还要创造一种融洽、平等的亲子关系，创造一个和谐、健康的家庭环境，并对大学生进行正面教育，提高他们的辨别能力。

高校作为大学生最重要的学习和生活场所，要以此为载体，积极开展网络素质教育。对大学生进行的网络信息素质培养，归根到底就是对其进行的一种“思想教育”，要将其作为一种价值引导，将媒体素养教育融入课程教学中，让学生对其进行全面的网络素质教育。

互联网是药学专业大学生获取卫生知识的主要渠道，对提高药学专业本科生的信息素质具有重大意义。鉴于互联网即时、开放特性，若审核不严格，网上的不实信息将会对药学生对知识的获取、理解和运用产生不利的后果。因此，互联网媒介要加强对卫生内容的监管，坚决查处散布虚假新闻的人，以实现互联网的“洁净”。此外，要建立一个有效、方便、具有高度权威性的资讯平台，让药学专业的学生获取准确、可靠的相关知识。药学专业的学生可以选择专业的传媒组织或者权威的社交网站来获得准确的资讯，而药学专业的大学生则要对这些资讯的来源进行调查，并对该平台的公信力与影响力进行评估。

（二）信息加工

在当今时代，网络已经逐渐成为人们交流和交往的重要媒介，在政府部门和企业中已经变成了一种普遍现象。身处资讯之海，如何有效地处理与使用资讯，当是个人最重要的能力，也是资讯时代最重要的生存能力。

药学生的信息处理能力，主要是医学院校的学生对网络信息技术的理论和实践的学习，主要涉及对文献信息的检索和挖掘，对网络技术的利用，对网络信息进行甄别，对网络信息的资源分布，使用的规则和技巧，相关的法律法规和伦理规范等方面知识的学习。药学生的网络知识素质培训，可以提高学生利用网络技术、遵守网络规则来进行问题分析与解决的能力，促进药学生在学习、生活、实践等不同的情境中熟练地运用各种网络技术，从而更好地应对网络交流和快速变化的信息产品。另外，药学生的信息技术教育可以使其在接受学校教育、管理与服务的整个进程中，能够根据自己的需求来选择信息，并利用优质资源进行高效的学习。

第二节 药学生互联网思维概述

一、网络思维素质培养的意义

网络思维素质培养对药学专业学生具有深远意义。在信息化时代，药学领域与互联网技术的融合日益加深，网络思维成为药学专业学生不可或缺的能力。要使年轻的医药大学生在互联网时代下健康成长，全面发展，培养良好的社会责任感，其先决条件就是要使药学生具备互联网的基本素养与能力，学习如何与互联网保持良好的关系，并从中汲取正向的精神力量。目前，部分不良互联网信息已成为境外敌对势力影响青年、争取青年利益的一个主要手段，也是思想交锋的主要阵地。要从加强对药学生网络素质教育的认识和把握，加强对药学生网络素质的培养，成为新时期开展的一项重要工作。

二、网络思维素养的培养

如何指导药师有效获取信息，对评判信息进行正确甄别，对信息进行深层加工处理，对信息进行创造性传播，深刻地激发药师信息素质的内在驱动力，保持并扩大其对时代变化的适应性，主动运用现代信息科技知识解决现实中的问题，这些都是新时期药学生网络思考能力培养迫切需要解决的问题。

药学生网络思维的培养应包含对网络信息的批判意识、更新迭代思维、网络道德和法律意识、网络安全意识、国际视野和国际意识，运用网络进行自我管理、自我提高、终身学习的意识，等等。新时期，对药学生的网络素质进行培养，不仅仅是要让他们掌握网络理论知识，掌握其应用的特定技巧，更要注重提高他们的思考能力，促使他们对互联网上的信息运作的内部规律有一个正确的认识，对其进行系统性集成，通过其繁杂的信息与网络现象，对问题的成因和性质进行分析。

第三节　药学生网络技能的培养路径

一、基于互联网的创新教学改革

药学专业本科生的实践创新教育，需要在遵循互联网的法律和道德准则的基础上，能够迅速有效地开展实践转化和创新创造，并且能够通过自己的知识储备来筛选新的信息，对利用互联网信息技术进行多维创新创造的实践能力进行规范化。为此，药学生网上职业创新教学的目的就是引导学生把所学的知识内容运用到实际工作中去，让互联网的信息技术成为人的工具，为人服务，从而提高药学生在数字生活、数字学习、数字创新场景下的适应能力和创新能力。

二、基于互联网的教育教学模式

以互联网为依托，搭建教学平台，培养药学生科研思维能力，是目前国内药学专业人才培养的一种新途径。从药学专业的学习和研究创新的角度出发，通过互联网的学习，能够帮助药学专业的同学们理解这些原则，掌握创新技能、开展思维训练、形成论证逻辑、理解学习原则、明确解决方案、注重灵活运用。通过互联网学习平台，构建了一种全新的师生交流模式，提高了药学专业学生的创造性思维。

当前，在药学专业中开展线上和线下的教学模式，对药学专业人才进行科研能力培养教学，是药学专业人才培养的一种创新性探索。基于在线学习和创造性的相互关联，在线平台教学对大学生创造性发展具有重要作用。药学专业学生利用互联网平台进行学习，可以促进师生之间的关系，培养学生的科研意识，改变学生的学习方式，满足学生深层的心理需求，从而提高学生的学习效率。

利用网上教学平台和相应的教学软件，可以有效地促进药学专业学生的科学研究和实践。在此基础上，利用网上教学资源，让同学们亲身体验科学研究的乐趣，从而提高他们的科研能力。

从心理学的观点来看，“意识”是人类大脑的一种功能，它是一种神经活动的高级体现，它是人类精神活动在客观世界中的自然反应。对药学专业的学生来说，研究意识是一种自觉地去探索自己所不知道的东西，用自己所知道的科学理论来指导自己所不了解的东西的一种有意识的行为，这种行为不仅体现在主体对自己所研究的环境的积极适应，也体现出了自己对外界的影响和改变。通过对“创造技能”的培养，药学专业的学生摆脱了对科学研究的“神化”，变得勇于去探究和发现问题。科学研究意识的不足，始终是制约药学专业学生创造力提升的一个重要因素。利用互联网平台，可以帮助药师们自觉地将自己的学习行为公之于众，使整个团队都能够参与到研究的氛围中来，从而推动整个思维的发展。

网上的学习环境宽松，有利于培养药学专业的实践技能。解放思维，才能指导行动，养成良好的读书习惯。网上教学平台为药学专业人才的培养创造了一个充实的教学资源系统与自主的科研氛围；通过互联网进行教学，最主要的是要让学生有更多运用知识的途径，这就要求有新的信息科技做支持，教学信息化、民主化的互联网传播模式为我们打下了良好的根基，而高校的校园网也是我国教学现代化的一个重要标志。将互联网技术与已有的课程有机地融合在一起，探讨现代科技环境下新的教学方式，对于提高药学专业人才的综合发展与质量，促进教育信息化建设具有重大的现实意义。在此基础上，抓住互联网环境下药学专业大学生的探究式教学，应注意其更多的正面因素。更为重要的是，倡导在网络教学平台下开展探究式学习，并不意味着拒绝在传统的、非网络的教学平台下开展探究式学习，二者相结合，可以更好地激发学生的创造力，使其适应社会发展的需求。

三、药学生网络技能的实践路径

根据药学专业的特点，对药学专业的学生进行科学的网络素质培养具有重要的意义。要引导学生对网络素质教育的系统性、长期性和复杂性有一个全面的认识，在遵循药学生的生长发展特征和思维认识规律的基础上，着重于学段的特征，在教学内容的重点、教育方法的选择、教师队伍的建设以及教学质量的评估等多个层面，分层次有重点地开展网络素质教育。

（一）理论基础与技能学习的深化

药学生网络技能的培养路径是多元化且系统的，在此基础上，通过对大学生在互联网上所遵守的伦理规范和真实的伦理规范进行对比分析，找出其自身的特点，从而引导药学生建立自己的网络伦理观念，以更好地满足在互联网环境下的生活和发展的需要。在信息技术课程中，除了基础的计算机操作和网络知识，还应增加网络安全、数据隐私保护等内容，以应对日益复杂的网络环境。对于药学专业软件，如药物设计软件、分子模拟软件等，应提供深入的培训和实践机会，让学生不仅掌握基本操作，还能理解软件背后的原理，从而能够灵活运用。

同时，要在学生的实际学习、生活中，把网络道德准则和有关的法律、法规等都纳入其中。大学应加强对网络的法制宣传，加强对药学生法制观念、法律观念的培养，加强对药学生在网络环境中的保护作用。

（二）网络资源利用与拓展

在学术数据库检索方面，除了基础的关键词检索，还应教授学生如何运用高级搜索功能等技巧提高检索效率和准确性。鼓励学生参与药学领域的在线社群，与同行建立联系，分享经验和资源，提升团队协作能力。此外，要指导学生们注意对个人隐私和数据信息的保护，对个人密码进行管理，同时要提高对网络病毒、钓鱼邮件短信、网络诈骗等网络风险的预防能力，健全大学生的网络安全意识和相应的知识体系。

（三）创新能力培养的实践与探索

药学生具有发展性、自主性和个性化的特点，在同一时期的不同学生团体以及处于不同时期的同一个团体，因为其自身认识能力和特定的历史条件和阶段的差异，他们对网络文化的传播内容的接收和认同程度也是不同的。同时，药学专业大学生对所接收信息的满意程度也会因主观和客观因素而有所改变。鼓励学生参与跨学科的网络创新项目，如结合人工智能、大数据等技术进行药物研发或疾病预测，培养跨学科思维和创新能力。通过数据分析与挖掘，培养学生基于数据进行决策的能力。例如，利用销售数据、患者反馈等信息，优化药物营销策略或改进产品设计。

（四）实践与实习锻炼

一方面，学校应与企业、科研机构等建立更紧密的合作关系，为学生提供更多元化的实践机会。例如，参与药品研发的网络数据分析、药物信息学平台的开发与维护等，让学生在真实的工作环境中学习和掌握网络技能。还可以鼓励学生参与在线医疗咨询、远程药品销售等数字化医疗项目，了解数字化医疗的运作模式和市场需求。另一方面，学校应鼓励和支持学生利用假期和课余时间进行实习，以积累实践经验。实习岗位可以包括数字化营销、药品电商平台的运营与管理等，这些岗位不仅要求学生具备扎实的药学知识，还需要具备良好的网络技能和沟通能力。通过实习，学生可以深入了解药品行业的数字化趋势，提升自己的职业素养和就业竞争力。

（五）师资队伍与培训的提升

在药学生网络技能培养中，师资队伍与培训的持续被提升至关重要。学校应加大对教师网络技能培训的投入，定期组织教师参加与网络技能相关的培训和研讨会，了解最新的技术趋势和教学方法。这些培训可以涵盖网络编程、数据分析、在线教学平台使用等内容，帮助教师掌握必要的网络技能，从而更好地指导学生。此外，学校应鼓励教师与业界保持紧密联系，参与企业项目、学术会议等活动，了解行业需求和最新技术动态。这种实践经历不仅可以提升教师的专业素养，还能为教学提供鲜活的案例和素材，使教学内容更加贴近实际。

综上所述，药学生网络技能的培养路径是一个系统工程，需要学校、教师、企业和社会的共同努力和持续投入。通过深化理论基础与技能学习、拓展网络资源利用、培养创新能力、深化实践与实习、提升师资队伍与培训等方面的工作，为药学领域培养更多具备网络技能的高素质人才，推动药学事业的持续发展。

第十三章

药学生终身学习能力

第一节　什么是终身学习

一、终身学习的含义

在现代社会，随着知识的快速更新，个人需要持续地更新知识和自我提高。所以，终身学习是持续一生的事情。终身学习是一种全面的学习模式，它包含了各种类型的学习，如正式学习和非正式学习。终身学习具有终身持续性、方式多样性和学习自主性等特征。其中，终身学习的持续性意味着它将会一直存在于个体的整个过程之中，不仅限于学业，而且涵盖了从出生到死亡的整个过程；终身学习是一种多元化的教育形式，即终身学习是一种多元化的学习模式；所谓终身学习的学习自治，就是要突出一种独立的心态，也就是，学习者应该按照自己的学习需要、自己的能力和自己的特殊条件，来制订自己的学习计划，并进行自主学习。

二、终身学习的意义

在个体层次上，加强药学专业人才的终身学习，有助于药学专业人才充分发挥自身价值。在这个以知识为导向，多学科交叉与技术整合的时代，缺乏深厚的专业知识与高超的技能是难以适应时代发展的需要的。在现代的大环境中，综合型人才越来越受到人们的重视。所谓复合型人才，是一种多功能型人才，也就是说，它既可以实现知识的整合，又可以实现知识的创造，这就要求现代药学专业的大学生要持续提升自己的整体素养，养成终身学习的能力。药学的学科特点决定了药学专业的本科生必须提高自己的综合素质，扩大自己的眼界和知识面，紧跟最新的科研进展。

在社会层次上，21 世纪是一个知识大爆发的年代，技术飞速进步，资讯日益增多，在社会的每一个方面，科学的认识都从一种到多种，而且还在向更深、更广的方向发展。随着知识的不断衰老、科技的不断更新和快速的社会变革，没有人能够一次性获得充足的知识，因此必须终身学习。学习是人生存与发展的根本途径，而终身学习则是个人成长与就业的必经之路。所以说，活到老、学到老是我们现在应该具有的一种终身学习的观念。

“终身学习”已成为当代教学理念的重要组成部分。面对日趋严峻的社会，药学专业人才要树立起终身学习的观念，才能在现代社会中立足。“终身学习”是促使药学类大学生在新时期更好地适应个人生活与事业发展的关键因素，应当成为推动与深化我国药学类专业人才培养的重点。

从知识整合、能力体系与创新价值观三个层面对药学专业本科生的终身学习能力进行研究，立足于高品质的药学类人才培养，着眼于药学类专业人才的终身学习能力建设，既关系到药学生今后在社会层面上的专业认同需求，也关系到其终身发展的主体层面的价值追求。因此，必须在药学专业可持续课程的构建上，开展服务性实践活动，构建教师与学生共同创造的价值观。终身学习能力是药学生素质拓展与构建中的一个重要环节，它对于培育学生良好的社会适应能力、促进人的自由发展具有重要意义。

对大学生来说，终身学习的能力与一般的学习技能是不一样的，终身学习能力是一个人能力和品质的全面表现，它既包含了学习的能力和愿望，也包含了更高层次的认知和思考能力，同时包含了对自身恢复能力的不懈重视和努力，而终身学习的能力则是指一个人具有持续学习的能力和愿望，可以在各个方面不断学习和升级自己的知识、技能和经验。终身学习能力是指一个人所具备的较高层次的能力，它包含了更广阔的认识和思考能力，可以让人更好地了解并运用新的知识与技巧，更好地应对多变的情况与挑战。总之，基于增长的终身学习能力是一种具有“慢变量”“长期主义”和“复利效应”的自我控制特征，是个体终身发展的动力。终身学习是药学专业人才培养中的一种复合能力，它能够有效推动药学专业人才的自身发展和专业发展。

第二节　药学专业学生终身学习能力培养的影响因素

医学院校药师终身学习的发展受诸多因素的制约，可归纳为两方面：一是药师个人的主观原因；二是社会和家庭环境的作用。

一、对药学专业大学生终身发展的影响

（一）对其意义缺乏明确的理解

现代社会日新月异，出现了许多新情况和新问题，人们的知识不断更新。为了使人类能够更好地顺应客观社会的发展，我们需要将知识由纯粹的知识转化为一种人生方法，力求“活到老、学到老”，也就是终身学习。当前，一些药学专业的大学生还没有正确理解终身学习的含义和意义，他们觉得只要把

本专业的课程知识学好就行了，并且学业负担比较重，因此忽略了对其他方面素养的发展，这使得一些人在工作中处于劣势。终身学习并不只是掌握知识、技能和经验，更重要的是要学会做人，学会创造，学会学习，学会合作，这些都是当代药学专业大学生应该具备的重要的品质。

（二）终身学习动机不强，学习规划不清晰

药学专业本科生的动机复杂多样，且具有不确定性，有些人的学业规划不清晰。有关调查显示，药学专业本科生的学习动机与学习目的大多是以近景性、直接性为导向，学习动机与学习内容大多以功利性与实用性为导向，这对药学专业大学生终身学习价值观的形成产生了一定的影响。

二、影响药学生终身学习的客观原因

（一）原生家庭对学生的作用

学生的家庭经济状况、家长的文化水平以及家长的教养方法等都会通过间接的途径影响药学生的终身学习。有关研究显示，高收入的家庭给予孩子更多的学习和教育开支，使他们有更好的继续学习的可能性；文化水平越高，对子女的指导越多，药学生终身学习的观念越强；家长的正确引导可以使药学生意识到自身的缺点，从而能够主动进行纠正，形成终身学习习惯。

（二）校园文化因素对大学生心理健康的作用

在学校教育方面，其作用表现为高校教育功能的缺失、教学目标的模糊、教师与学生终身学习观念的缺失。当前，高校的教学功能以开设专门的学科为主，其他功能相对薄弱，而且种种因素导致难以在短时间内进行有效的教学改造；多数教师对“终身学习”这一理念的理解还存在误区，未能充分理解医学院校大学生终身学习的重要意义。

（三）社会因素的作用

一方面，受外来文化和各种思潮的影响，常常让一些大学生产生“读书没用”的错觉，进而对大学生终身学习观念产生了一定的影响。另一方面，随着互联网和多媒体的出现，我们的生活更为便捷，眼界更为开阔。但与此同时，我们也面临着多元价值观，受到一些不良的社会文化的影响，这些都对医学院校学生的终身学习观念起到了消极的作用。

第三节　药学专业人才的终身学习

一、个性特征

现代药学专业的大学生一般都有自己的个性特点和学习方法，他们乐于独立进行思维，善于接受新的事物，并且对新的知识和观点有自己的见解。因此，药学专业的学生应该从由教师主导的教学方式中走出来，调整自己的学习动力，调动自己的学习兴趣，把被动学习转变成主动学习。同时，学生也要充分运用好学校的图书馆、学术讲座、研讨会、交流会等多种教学资源，以提升自己的综合素质能力为目标，努力培养适应新时代需求的复合型人才。

具体而言，首先，应将终身学习理念融入药学教育全过程，通过课程设置、实践活动等形式，激发学生对药学知识的持续探索兴趣。其次，要构建多元化学习资源平台，包括在线课程、学术数据库、实验实训中心等，为学生提供便捷的学习途径和丰富的学习资源。同时，鼓励和支持学生参与科研项目、社会实践等，将理论知识与实践相结合，提升学生解决实际问题的能力。再次，建立学习帮扶小组和激励机制，表彰在学习上取得显著进步和成果的学生，激发他们的学习积极性和成就感。最后，加强师生交流互动，建立学习社群，鼓励学生分享学习心得、交流学习经验，形成良好的学习氛围。通过这些措施，帮助药学专业大学生树立终身学习观念，为未来的职业发展奠定坚实基础。

二、教育教学水平

药学专业的教育是医学专业人才终身学习的根本。首先，应强化教师的自我发展意识，通过定期举办教学研讨会、学术讲座，激发教师对新知识、新技术的探索热情。同时，设立专项基金支持教师参加国内外进修、学术会议及访学项目，拓宽国际视野，紧跟医学前沿动态。其次，推动建立校企合作、医教协同模式，鼓励教师参与实践项目、创新创业项目、科研项目，将理论与实践紧密结合，促进知识技能的更新迭代。利用现代信息技术，如在线课程平台、虚拟仿真实验室等，提升教师的数字素养和现代教育技术运用能力。最后，实施教师评价体系的改革，将终身学习成果纳入职称晋升、绩效考核的重要指标，形成正向激励机制，为培养高质量药学人才奠定坚实基础。

三、社会性质

从社会角度来说，应在整个社会中建立一个终身学习制度，以培养大学生的终身学习观念。构建一个终身学习制度，互联网和大众传播媒介的作用不容忽视。互联网以其开放、便捷、交互性强等特点，为终身学习提供了无限可能。在线课程、远程教育、电子图书等资源，打破了时间和空间的限制，使得人们可以随时随地进行学习。同时，互联网还提供了丰富的学习工具和平台，如在线论坛、学习社区等，方便人们交流学习心得、分享学习资源。

大众传播媒介如电视、广播、报纸、杂志等，也是终身学习的重要渠道。它们通过广泛的覆盖面和影响力，传递着各种知识和信息，帮助人们了解社会动态，拓宽视野。随着数字化技术的发展，大众传播媒介也在不断转型升级，提供更加多样化、个性化的学习服务。

四、加强职业能力培养

新时代，我国医药行业对人才的需求越来越大，对医药学院的培养方式也提出了更高的要求，“一日求学，终身受益”的传统教学观念已不再适用，药师既要承担教授医疗知识和技术的重任，又要承担让学生养成终身学习意识、养成终身学习习惯、形成终身学习能力的重任，注重在高校中培养药学生在毕业后进行持续学习所必须具备的终身学习能力，能为药师的可持续发展打下坚实的根基。

医药类大学的本科教学以培养学生具有基本的临床能力、终身学习能力和较好的职业素质为目的，而作为一名药师，药学毕业生要具备一定的医疗保健工作技能，要能在不断变化发展的医学发展中持续提高自己的专业技能，需要通过学生在学校里系统的教育训练和培养科学的方法才能得以实现。重视学生的终身学习能力，有着以下重要作用：一是让药学生拥有深厚的人文修养和道德情感，药学也是一门蕴含着丰富医学人文精神的学科，要让药学生有一种强烈的责任感，让他们热爱生命，尊重生命，有一种医者的责任感。二是要注重药学生创新能力的培养，药学生要能够跟上医学知识与技能的不断变化，提高团队协作能力和具备良好的循证思想，这样才能成为一个“怀仁笃行，善药济世”之人。三是要把药学专业的基础操作能力训练好，药学是一门实践性很强的专业，除了掌握好药学各主要分支学科的基本理论和基本知识，还要有强化药学实验方法和技能的基本训练，具有药物制备、质量控制评价及指导合理用药的基本能力。

五、如何培养终身学习能力

从医学专业的终身学习特点和药学专业的学习特点出发，根据“冰山”模型的原理，提出药学专业的终身学习能力受学习者的动机、情感、价值观、意志等因素的制约，处于“冰山”之下的隐性的、不可见的、学习的、战略的、个人的修养等方面的，是药学生个性化发展的重要技能，可以通过多种方式的训练而获得和激活。

药学专业本科生要具备适应变化、熟悉临床管理、加强合作和责任心培养等方面的素质。与传统的由教师主导的学习模式相比，终身学习是把学生放在核心位置上，这就需要学生拥有更加强烈的内驱力，可以根据自身需要的知识背景、行为习惯以及学习方式，独立地选择学习内容，提高学习效率。

适应性是个体根据外部条件的改变，对自身的行为、生活方式、交往范围、思维习惯、思想认知和价值观进行持续的调节。当前，药学专业学生的适应性是指对学习方式的改变、医疗环境的改变、医疗政策的改变、知识转换的迁移，以及对信息资源的敏感度、对评估信息的高效筛选、对信息资源的整合分析和利用等。药学专业的学生要积极了解国家的卫生体制政策与改革方针，了解最新的医学科技信息，培养自身的创新力和思考能力。

药学专业学生的思想素质是其专业素养的重要组成部分，体现了他们在学习与实践中的道德观念、责任意识及人文关怀。药学生的思维素质主要包括独立思维、批判性思维、逻辑性思维、严谨思维和综合思维能力。药学生要想将其所学的知识和技术构建与自己的认识架构相结合，就必须在探索中学，勇于创新。优秀的药学专业学生应具备高度的责任心，深知药品关乎生命健康，任何疏忽都可能带来不可挽回的后果，因此在学习和研究中始终保持严谨求实的态度。同时，良好的人文关怀精神也是不可或缺的，这要求他们不仅要关注药物的疗效，更要考虑患者的使用体验与心理需求，努力开发更加人性化、安全有效的药物。

面对药学领域的快速发展与复杂挑战，药学专业学生还需展现出积极的创新思维与终身学习的意识，不断探索新知，提升解决实际问题的能力。此外，团队合作与沟通能力同样重要，他们需学会在跨学科团队中有效协作，共同推进药学研究与应用。培养药学专业学生的终身学习能力，是其适应快速变化的医药科技环境、提升个人职业竞争力、促进药学领域持续发展的关键。这一能力的培养，需要从教育理念、课程体系、实践教学、自主学习环境以及教师角色等多个维度进行综合考虑和实施。

（一）树立终身学习的教育理念

高校应明确树立终身学习的教育理念，将其贯穿药学教育的全过程。这要求教育者不仅传授知识，更要引导学生认识到学习是一个持续的过程，鼓励他们在职业生涯中不断探索新知，保持好奇心和求知欲。通过开设专门的终身学习导论课程，介绍终身学习的重要性和方法，激发学生对未来持续学习的热情。

（二）构建灵活多样的课程体系

课程体系是培养终身学习能力的基石。药学教育应构建包含基础科学、药物研发、临床药学、药事管理等多个领域的宽口径课程体系，同时引入跨学科课程，如生物信息学、数据分析等，以适应医药科技快速发展的需求。此外，实施模块化课程，允许学生根据个人兴趣和职业规划选择学习路径，增强其学习的自主性和针对性。

（三）强化实践教学与科研训练

实践教学是培养药学专业学生实际操作能力和问题解决能力的有效途径。通过建立校内实验室、校外实习基地和校企合作平台，为学生提供丰富的实践机会，让他们在真实环境中学习药物研发、质量检测、临床用药指导等技能。同时，鼓励学生参与科研项目，通过科研实践培养批判性思维、创新思维和团队协作能力，为终身学习打下坚实的基础。

（四）营造自主学习环境

自主学习是终身学习的核心能力。药学教育应充分利用现代信息技术，如在线学习平台、虚拟实验室、数字资源库等，为学生创造便捷、灵活的学习条件。同时，开展学习方法培训，如时间管理、笔记技巧、信息检索等，提升学生的自主学习效率。建立学习社群，鼓励学生之间的互助学习，形成良好的学习氛围。

（五）教师角色的转变与指导

教师在培养学生终身学习能力中扮演着至关重要的角色。教师应从知识的传授者转变为学习的引导者和促进者，通过问题导向教学、案例教学等方法，激发学生的学习兴趣和探究欲望。同时，教师应成为学生的榜样，展示终身学习的态度和行为，鼓励学生积极参与学术讨论、科研活动，培养他们的批判性思维和创新能力。

（六）建立终身学习评价与激励机制

建立科学的终身学习评价体系，将学生的自主学习能力、持续学习表现、创新成果等纳入评价体系，激励学生持续学习。同时，设立奖学金、研究基金等激励机制，为表现突出的学生提供进一步学习和发展的机会，形成正向循环，推动终身学习文化的形成。

（七）加强职业规划与就业指导

职业规划与就业指导是连接学习与工作的桥梁，有助于药学专业学生明确个人职业目标，制订终身学习计划。通过开设职业规划课程、举办行业讲座、提供实习和就业信息等方式，帮助学生了解行业动态，增强其对未来职业环境的适应能力，激发其终身学习的动力。

总之，培养药学专业学生的终身学习能力是一个系统工程，需要教育机构、教师、学生以及社会各界的共同努力。通过实施上述策略，可以有效提升学生的综合素质，为药学领域的持续发展培养具有创新精神和实践能力的高素质人才。

02

实务篇

一、药学综合技能实训课程实施方案

药学涉及药物的种植、研究、生产、流通、应用等领域，药物用于防治疾病和保障人的健康，最终服务的对象是人，因此，药学既是一门自然科学，又是一门人文科学，这就要求药学生不仅具有扎实的药学知识，还应具备良好的人文素质。为此，学院开设药学综合技能实训课程，旨在提升药学生职业素养能力。

（一）课程背景和目标

在药学领域，专业技能与职业素养并重是行业对人才的基本要求。礼仪作为职业素养的重要组成部分，不仅体现了个人修养，也是构建和谐医患关系、提升医疗服务质量的关键。因此，特为药学专业学生设计礼仪课程，旨在通过理论学习与实践练习相结合的方式，培养学生具备良好的职业形象、沟通技巧及社交礼仪，为未来职业生涯奠定坚实基础。药学综合技能实训是药学专业的一门必修课程。内容主要从药学人员的校园礼仪、电梯礼仪、电话礼仪、介绍礼仪、餐饮礼仪、求职礼仪、服饰礼仪、人际沟通等方面介绍了药学工作人员应当具备和掌握的礼仪常识及人际交往中的沟通能力。本课程重视强化礼仪的内涵和沟通的技巧，在相关章节中设计礼仪实践技能及相应的沟通能力训练，是一门实践性很强的课程。

（二）课程内容设计

1. 职业形象塑造

讲解医疗行业着装规范，包括实验室着装、医院实习着装等。

仪态训练：站姿、坐姿、行走姿态的练习，强调自信与尊重。

个人卫生与形象管理：面部清洁、发型、指甲等细节维护。

2. 沟通艺术与技巧

有效倾听：学习如何耐心、专注地听取他人意见，展现同理心。

清晰表达：训练学生用专业且易于理解的语言进行沟通，避免专业术语滥用。

非语言沟通：肢体语言、面部表情、眼神交流的运用，增强信息传递效果。

3. 职场礼仪

会议礼仪：会议准备、发言技巧、会议记录等。

电子邮件与书面沟通：撰写专业邮件的格式、语气要求。

上下级及同事间相处之道：尊重、合作、互助的职场文化培养。

4. 特殊场景礼仪

患者接待与服务：了解患者心理，掌握温馨、专业的接待技巧。

学术会议与研讨会：参会礼仪、演讲技巧、互动交流。

国际交流礼仪：跨文化交流中的注意事项，尊重多元文化。

（三）教学方法与手段

1. 理论讲授与案例分析

结合 PPT、视频资料，系统讲解礼仪理论知识，并通过案例分析，让学生理解礼仪在不同场景中的应用。

2. 角色扮演与模拟演练

医患沟通模拟：设定不同情境，如患者咨询、药物说明等，让学生在模拟环境中进行角色扮演，练习沟通技巧与应对方法。

学术会议模拟：模拟学术会议场景，包括论文发表、提问与回答等环节，锻炼学生的演讲与互动能力。

职场情境模拟：如上下级沟通、同事间协作等，通过模拟演练，让学生掌握职场礼仪的精髓。

3. 小组讨论与案例分析

分组讨论特定案例，鼓励学生从不同角度分析问题，培养批判性思维，同时，通过对案例的深入分析，加深对礼仪规范的理解。

4. 专家讲座与互动问答

邀请行业内的礼仪专家或资深药师分享实战经验，提供行业视角，并通过互动问答，解答学生在实践中遇到的问题。

5. 实践作业与项目

礼仪视频制作：要求学生分组制作关于特定礼仪主题的视频，如“如何进行有效的患者沟通”“职场礼仪小贴士”等，既锻炼了学生团队协作能力，又加深了其对礼仪规范的理解。

礼仪实践日志：要求学生记录自己在日常生活中的礼仪实践经历，包括成功与失败的案例，以及从中获得的经验与教训。

自我反思与互评：通过录像回放、同学间互评等方式，帮助学生认识自身不足，促进其自我提升。同时，鼓励学生进行自我反思，思考如何将所学礼仪规范应用于未来的学习与工作中。

（四）课程评估与反馈

1. 过程性评价：通过观察学生在角色扮演、小组讨论中的表现，给予及时反馈。

2. 终结性评价：课程结束时，组织一次综合考核，包括理论测试与实践操作，全面评估学生掌握情况。

3. 问卷调查：收集学生对课程内容、教学方法的满意度及改进建议，持续优化课程设计。

4. 建立礼仪大使制度：选拔表现优异的学生担任礼仪大使，负责在校园内外推广礼仪文化，形成良好的学习氛围。

通过加入实践练习，药学专业学生礼仪课程将更加注重学生的实际操作能力与综合素质的培养，使每位学生都能通过系统学习与实践，成为具备扎实专业技能与良好职业素养的复合型人才，为药学事业的发展贡献力量。

二、“卓越药学生素质拓展计划”实施方案

为了进一步贯彻落实中共中央、国务院发出《关于进一步加强和改进大学生思想政治教育的意见》精神，按照《共青团中央改革方案》的工作要求，结合学院实际决定在各班级实施“卓越药学生素质拓展计划”（以下简称“素拓计划”），以培养创新精神和实践能力为重点，把素质教育贯穿教育的全过程，进一步拓展药学生综合素质能力。

（一）指导思想

全面贯彻党的教育方针，贯彻“育人为本、德育为先”的原则，坚持立德树人，积极探索新形势下高校实践育人的新渠道、新途径，以培养大学生的思想政治素质为核心，以培养创新创业能力为重点，全面提高大学生的人文素养和科学素质。

（二）实施目标

将“素拓计划”融入学院育人中心工作，努力使“素拓计划”成为引领青年成长成才的“指挥棒”和促进学生融入社会的“通行证”，培养具有良好敬业精神、职业道德和人文素养、创新精神和批判思维，具备较强的人际交流能力，具有高度社会责任感、扎实理论基础和专业知识、较强实践能力的高素质应用型药学生。

（三）工作内容

“素拓计划”的具体内容以开发药学生人力资源为着力点，进一步整合深化教学主渠道外有助于提高学生综合素质的各种活动和工作项目，在思想政治与道德修养、社会实践与志愿服务、学术科技与创新创业、文化艺术与身心发展、技能培训与其他五方面引导和帮助广大青年学生完善智能结构，全面成长成才。“素拓计划”包括班级“素拓计划”成果展示和个人“素拓计划”成绩单两部分。

1. 班级“素拓计划”成果展示

各班级可参考思想政治与道德修养、社会实践与志愿服务、学术科技与创新创业、文化艺术与身心发展、技能培训与其他五个模块内容自行开展形式多样、内容丰富、成效显著的素质拓展训练和活动，在此基础上形成一个班级特色品牌活动，构建“一班一特”制。举行学院班级“素拓计划”经验总结交流会，撰写班级“素拓计划”经验成果蓝皮书，积极宣传班级“素拓计划”的建设经验与有效方法，对于优秀的班级给予表彰。

2. 个人“素拓计划”成绩单

个人“素拓计划”成绩单是根据药学专业人才培养目标，将培养学生综合能力的各个环节、各种形式作为一个整体进行量化考核而制定的个人“素拓计划”成绩单制度体系。该体系包括思想品德和能力素质两个模块，每个模块都能很好地体现学生的个性特长和能力素质。

“素拓计划”成绩单由班委负责具体实施和监督。个人“素拓计划”成绩单项目积分标准表所有项目总和上限分为100分，各项目上限分值有所差异。每学年结束各班级将进行个人评比，每班前5%的学生授予“卓越药学生素质之星”称号表彰。积分不到60分的学生占班级总人数的10%以上，则该班级将不被优先考虑院内先进班集体、红旗团支部等各项评优择优，该成绩单也将成为学生入党推优、评奖和评优参考，就业推荐，“推荐免试就读研究生”的重要参考指标。

（四）实施步骤

1. 实施对象和时间：实施对象为学院各班级全体学生，每年组织一次，从每年10月开始至下一年度10月。

2. 实施步骤：

（1）宣传发动，形成氛围

组织各班级召开“素拓计划”主题班会，利用易班、微信公众号、宣传栏、电子屏幕等媒介宣传开展“素拓计划”的目的、意义、具体措施，对广大学生进行宣传、动员。

（2）调查研究，查找问题

将召开“素拓计划”座谈会及实地调查研究相结合，查找目前素质教育存在的问题。听取学生对“素拓计划”的意见和建议，了解学生反映强烈的问题。

（3）成果展示，表彰先进

每学年各班级负责计算个人“素拓计划”成绩单，举行班级“素拓计划”成果展示会和经验交流会，积极宣传各班级“素拓计划”的建设经验与有效方法，学院对开展“素拓计划”组织得力、成效显著的班级给予表彰和奖励。

（五）工作要求

1. 加强领导

各班级要成立由班主任、导航学长、班长、团支书代表组成的班级“素拓计划”机构，明确责任，负责“素拓计划”实施过程中的宣传、培训、监督、咨询等日常工作，结合班级特色与实际，抓好抓实本班级的“卓越药学生素质拓展计划”工作。

2. 以生为本

学生作为“素拓计划”的主体，各项措施、各种相关制度的完善及建立，均要考虑学生实际情况，旨在建构起一套系统的学生自我认知、自我展示、自我历练、自我调控、自我提升的实践育人体系，促进学生个性发展。

3. 力求实效

根据“素拓计划”的总体目标和具体要求，结合学院实际开展各项建设活动，务求各项工作落到实处、取得实效。

附1　班级"卓越药学生素质拓展计划"参考主题表

主题	开展类型（仅供参考）
思想政治与道德修养	基本目标 (1) 具有科学（正确）的世界观、人生观和价值观； (2) 具有坚定的社会主义信念和政治立场； (3) 具有明确的大学学习方向和努力方向； (4) 具有社会主义的社会公德、职业道德、家庭美德、社会责任感
	参考途径 (1) 组织开展理论学习和主题教育等活动； (2) 组织开展国防教育、国情教育、道德实践等活动
社会实践与志愿服务	基本目标 (1) 拥有较强的实践能力、洞察社会的能力、分析和解决问题的能力； (2) 拥有乐于奉献的美德、较强的社会责任感
	参考途径 (1) 组织开展社会实践、勤工俭学、志愿服务、社会工作等活动； (2) 组织开展公益劳动、扶贫、助困、献血等志愿活动
学术科技与创新创业	基本目标 (1) 具有较强的专业素质、从事研究的能力； (2) 具有较强的创新创业意识、创新思维、创新能力
	参考途径 (1) 组织参与大学生未来学术之星、创青春创业大赛、"互联网+"大创项目等项目课题申报； (2) 组织参与和开展创业大赛、职业生涯规划大赛、专业技能比赛等创新创业活动

续表

主题	开展类型（仅供参考）
文化艺术与身心发展	基本目标 （1）具有较好的人文素养和艺术修养； （2）具有一定的审美情趣和艺术欣赏能力； （3）具有发现美、创造美、实践美的能力； （4）具有健全的人格、健康的体魄，善于调节的健康心理
	参考途径 （1）组织开展音乐、舞蹈、戏剧、影视、美术、书法、摄影、文学、艺术欣赏等实践活动； （2）组织开展座谈、征文、朗诵、演讲、辩论等文化、艺术竞赛活动； （3）组织开展运动会、体育类竞技比赛等活动
技能培训与其他	基本目标 （1）掌握一项或多项专业技能、职业技能和实用技能； （2）具有一定的组织、协调、策划、沟通能力
	参考途径 （1）组织参与和开展各类技能培训及技能竞赛活动，如礼仪、演讲与口才、书写技能、电脑运用技能、摄影技术等； （2）提供参与社会工作的实践平台

附2："卓越药学生素质拓展计划"成绩单项目积分标准表

个人"素拓计划"成绩由思想品德和能力素质两项成绩组成。个人"素拓计划"成绩总分∑=思想品德（40%）+能力素质（60%）。思想品德成绩=（基础分+加分项目分数）×40%，思想品德成绩累计得分不超过100分。能力素质成绩=∑（能力素质第1到第7项指标）×60%，能力素质成绩累计得分不超过100分。

积分模块		项目	得分	备注
思想品德	1. 基础分	考察思想政治表现、个人品德修养表现、学习实践状况、组织纪律观念等方面，具体参照《广西医科大学药学院学生综合素质测评实施办法》。达到以上要求计基础分 70 分		此项最高不超过 70 分
	2. 加分项目	(1) 被评为优秀党员、优秀团员、优秀团干部、优秀学生干部、三好学生等荣誉（奖助学金的除外），可按级别加分。国家级、省级、市级、校级、院级分别加 15、10、8、6、4 分		以上项目同一行为同时受多项奖励，按最高级别加分一次
		(2) 学年内参加校内外创新创业、爱心公益、有强烈的团队意识和集体荣誉感、志愿服务活动材料证明进行审核确认。6 次（48 小时）及以上计 10 分，3 次（24 小时）及以上计 5 分，低于以上标准计 0 分		
		(3) 在助人为乐、爱心奉献、拾金不昧、见义勇为、自立自强、志愿公益等方面有突出表现，获得表彰，获得广播、电视、报纸等媒体公开报道，可按级别加分。校级以上计 6 分，校级计 4 分，院级计 2 分		
		(4) 所在班级、团支部或党支部，被评为国家级、省级、市级、学校或院级先进集体的，可按级别加分；若被评为标兵，则按最高一级加分。同一单位在同一学年中多次获奖，按最高级别计分一次。国家级、省级、市级、校级、院级分别加 12、9、7、5、3 分		
		(5) 在学期或学年评比中，被评为学校、学院安全文明宿舍、优良学风宿舍等荣誉称号的，按最高级别计分。校级计 4 分，院级计 2 分		

续表

积分模块		项目	得分	备注
思想品德	2. 加分项目	（6）应征入伍退伍返校学习的，每年加 3 分；嘉奖每年加 4 分；优秀士兵每年加 5 分；荣立三等功的，每年加 6 分；荣立二等功的，每年加 10 分		以上项目同一行为同时受多项奖励，按最高级别加分一次
		（7）日常行为表现突出或在各项检查中成绩优异，受到学校、学院通报表扬的个人或集体，每人分别加 2 分/次、1 分/次，学年累计加分不超过 5 分		
能力素质	1. 志愿服务实践类	对学生提供的参加各种形式的社会实践、志愿公益等实践活动的获奖表彰材料进行审核确认。国家级、省级、市级、校级、院级分别加 20、15、10、8、5 分		同一项活动按获得最高分值计分
	2. 文体素质拓展类	参加文化艺术、体育、学科等各类竞赛，包括各类知识竞赛、征文比赛、演讲比赛、十大歌手比赛、校运会、各类球赛、啦啦操比赛、武术比赛、摄影大赛、未来学术之星、七彩杯、宿舍文化节、班级文化建设评比、创业营销大赛、主题读书小报比赛、饮食文化节比赛、英语翻译、写作大赛、微电影大赛、徽章或标志设计等的获奖表彰证明材料、各类技能证书进行审核确认，证明材料和证书上标有个人名字才能给予相应加分。评分标准具体参照《广西医科大学药学院学生综合素质测评实施办法》能力素质模块 2（1）项		以班级为单位的比赛，只有参加比赛的队员能加分，不能全班加分。班级所有同学均可加分的奖项分数需折半计算

续表

积分模块		项目	得分	备注
能力素质	3. 技能培训认证类	获得各级各类与专业相关的技能证书，不分级别的计6分，分级别的得分方法参考如下：初级、中级、高级分别积6、9、12分		(1) 非英语专业学生通过大学英语四、六级考试，通过当年可分别获得9分、12分；(2) 英语专业学生通过大学英语六级考试、专业英语四级考试，通过当年可分别获得9分、12分；(3) 全国高校计算机联考一级不能得分，其他等级参照得分表计分；(4) 通过普通话等级考试可加分，二级乙等以初级算，二级甲等以中级算，一级乙等以上以高级算；(5) 同一等级的证书只有首次通过才可加分，同一项活动按获得最高分值计分，本项指标总分30分，超过30分按30分计；(6) 所获证书必须与医学专业相关，如营养师、按摩师、教师资格证、心理咨询师等证书可参与加分，驾照、厨师证不参与加分

续表

积分模块		项目	得分	备注
能力素质	4. 创新创业科研类	对学生提供的参加科研实践、学术研究、课外创新发明等活动的获奖表彰证明材料进行审核确认。（1）在 SCI、核心或统计源期刊和校内学术刊物发表科研论文（每篇论文只计最高一次得分）。SCI 计 30 分，核心或统计源期刊计 20 分，公开刊物计 15 分，内部刊物计 3 分。（2）在校内外刊物发表作品，全国性刊物计 20 分，省级刊物计 15 分，市级刊物计 10 分，校级刊物计 5 分，院级刊物计 3 分。（3）参与课外科研活动、学术研究、课外创新发明等活动，如未来学术之星、大学生创新创业大赛等，获立项并完成，且附有结题证书的，可按级别加分，国家级、省级、市级、校级分别加 30、25、20、15 分		（1）公开刊物指刊物有正式序列号；（2）校级刊物如《团苑》《广西医科大学校报》《学工信息与参考》《大学生就业在线》等，院级刊物如《追梦》《药苑》等；（3）上述奖项的分值均为第一作者（第一完成人）的对应分值，第二作者（第二完成人）以后分值依次减 1 分；（4）同一项学术成果获得多个奖项时，按所获得的最高分项计分；同一项学术成果，只能在发表论文得分或获得奖励得分二者中计分一次，不能累计

续表

积分模块		项目	得分	备注
能力素质	5. 菁英成长履历类	担任学生干部且任职一学年以上并履行工作职责的，分别由任用单位进行考核，由测评小组核查后报学院审核，兼任多项职务的，按最高职务计分，不累加计分。考核“不称职”的学生干部不加分。校学生会主席10分；校级组织常委、院团委学生会常委、党支部书记9分；校级组织副部长、院团委学生会副部长、党支部委员、文体中心常委6分；社团常委、班长、团支书5分；社团部长、文体中心队长、院团委学生会干事、班委、学习小组组长3分；社团副部长、文体中心副队长、楼层长2分；舍长1分		（1）校级学生组织指校级各中心、心灵驿站、易班学生工作站、社区自管会等经相关部门审批并报备校团委的校级学生组织；（2）除以上职务外的其他职务不得加分。所有职务应出具聘书或其他证明材料
	6. 参与活动类	对学生提供的参与“诚信教育”、助学感恩教育、“大学生文明、环保、绿色行动”、大学生心理健康教育月系列主题活动等思想引领类活动经历、思想政治、形势政策、理念信念主题报告会、人文素质讲座、党团校学习，大学生骨干培训经历、港澳台及国际交流、假期社会实践活动、志愿服务活动、创新创业活动、文体类活动、无偿献血及其他社会公益活动或完成学校、学院分派的活动或任务等与医学人文教育相关实践活动材料进行审核确认，参加20次及以上计10分，参加20次以下计0.5分/次		（1）义务献血者按每次2分算，最高不超4分；（2）完成学校、学院分派的活动或任务由班委登记确认并到学院学生工作办公室出具证明作为加分的依据；（3）文体中心各队参加校级比赛或学院大型活动，出具证明材料的，每人每项活动计0.5分；（4）三下乡活动、绿光志愿者、义诊、党课结业证

续表

积分模块		项目	得分	备注
能力素质				书、学生骨干培训一次加0.5分，证明材料中志愿服务天数的一天等于一次，8小时等于一次，证明应按照次数开具；（5）寒暑假见习、实训、马拉松长跑不得加分
	7. 附加分类	个人荣誉称号：大学生年度人物、十佳称号、标兵称号、军训先进个人、优秀工作者、优秀信息员、优秀楼层长。国家级、省级、市级或国家级提名奖、校级、院级分别加20、15、10、8、5分		（1）各项荣誉和证书的加分以证书盖章落款时间为准，即盖章落款时间在测评的学年内才可以加分；（2）附加分可加在能力素质测评中
备注		凡第二课堂成绩评分项目中未涉及的，但需要给予确认加分的项目，需上报学院领导工作小组审核通过并备案。计分标准由学院学生工作办公室负责解释		

三、药学院职业素养室设计与展示

在快速变化的医药行业，药学生不仅需要掌握扎实的专业知识，还需具备良好的职业素养。为此，学院特别设置了药学生职业素养室，旨在通过系统的模块设置，全面提升学生的职业认知、职业技能与职业形象，为学生未来的职业发展奠定坚实基础。

（一）职业认知模块

职业认知模块是职业素养室的起点，通过多媒体展示、行业专家讲座等形式，帮助学生深入了解药学行业的现状、发展趋势及就业前景。模块内设行业资讯区，实时更新国内外药学领域的最新动态，使学生紧跟时代步伐。此外，设有“未来企业家”培育工程职业规划墙，展示不同药学职业的发展路径与成功案例，引导学生根据自身兴趣与特长，合理规划职业生涯。

（二）职业测评模块

职业测评模块利用先进的测评工具，如 MBTI 性格测试、霍兰德职业兴趣测试等，帮助学生开展自我探索，明确个人职业倾向与优势。你喜欢什么工作，你擅长做什么工作，你的性格适合做什么工作？这些问题都可以在职业测评模块得到解决。测评结果将为学生提供个性化的职业发展建议，助力学生找到最适合自己的职业方向。同时，模块内还设有职业咨询角，由职业规划指导教师为学生提供一对一咨询服务，解答职业困惑，助力学生精准定位。

（三）简历优化模块

简历是求职的敲门砖。职业素养室内设置简历自助打印机，系统里自带很多简洁、美观、实用的简历模板供大家选择，同学们可以根据自己的需求选择合适的简历模板进行制作打印。简历优化模块还可以通过邀请专业教师进行简历撰写指导、模板展示与案例分析，教授学生如何撰写简洁明了、亮点突出的简历。模块内设有简历诊断区，学生可提交自己的简历，由专业导师进行点评或提出修改建议，确保简历能够吸引招聘者的眼球。此外，模块还定期举办简历制作工作坊，邀请HR专家现场指导，提升学生的简历制作能力。

（四）礼仪养成模块

良好的职业礼仪是职业素养的重要组成部分。礼仪养成模块通过理论讲解与实操演练，教授学生职场礼仪的基本规范，如着装打扮、言谈举止、会议礼仪等。设置智能化妆镜，内含化妆教学视频，可以快速教会学生如何在忙碌的学习工作中快速打造出自然、得体的妆容，学到如何避免脱妆、如何快速补妆等化妆小技巧，提升自己的形象气质。模块内还设有礼仪模拟区，模拟职场中的各种场景，如面试、会议、商务洽谈等，让学生在实践中掌握礼仪技巧，提升个人形象。

（五）表达沟通模块

表达沟通能力是药学人才不可或缺的软实力。表达沟通模块通过演讲技巧培训、小组讨论、角色扮演等形式，提升学生的口头表达与书面沟通能力。模块内设有沟通实训室，配备专业录音与录像设备，学生可在此进行演讲练习与模拟面试，通过自我反思与导师点评，不断优化沟通技巧。

（六）团队协作模块

团队协作是现代职场的核心竞争力之一。团队协作模块通过团队建设活动、项目管理模拟等形式，培养学生的团队协作与领导能力。模块内设置阅读区，这里不仅提供专业学习类图书与课外书籍阅读，还有完备的教学视频可供大家观看学习。其中包括演讲与口才、职场沟通、职场礼仪、职业生涯规划等实用知识和内容，学生可在此组建团队，共同完成项目管理任务，体验团队协作的乐趣与挑战。同时，模块还设有领导力培训营，通过案例分析、角色扮演等方式，提升学生的领导力与团队协作能力。

（七）模拟面试模块

模拟面试模块是职业素养室的压轴环节。通过模拟真实的面试场景，让学生提前感受面试氛围，熟悉面试流程与技巧。模块内搭载了模拟面试系统的数字一体机，它会模拟出真实面试环境，并设置和提出一些面试常见的问题供学生进行模拟练习，学生可在此进行多轮模拟面试，通过面试反馈与自我总结，不断提升面试表现。此外，模块还定期举办面试经验分享会，邀请校友或行业专家分享面试心得，为学生提供宝贵的面试指导。

药学生职业素养室是学院为学生精心打造的职业发展平台，通过系统的模块设置与丰富的实践活动，全面提升学生的职业素养与就业竞争力。

四、药学生思想引领与职业素养提升活动方案

（一）活动背景与目的

在新时代背景下，药学领域正面临着前所未有的变革与挑战。随着科技的不断进步和全球健康问题的日益复杂，药学专业人才的培养不仅要求学生具备扎实的专业知识，更需具备高尚的职业道德、强烈的社会责任感以及良好的人文素养。因此，本方案旨在通过一系列思想引领活动，引导药学生树立正确的世界观、人生观和价值观，提升他们的职业素养，为培养具有创新精神和社会责任感的药学人才奠定坚实基础。

（二）活动主题

“药者仁心，德艺双馨——药学生职业素养与思想引领”

（三）活动内容

1. 职业素养讲座系列

名家讲堂：邀请药学领域的知名专家、学者及行业领袖，围绕药学发展趋势、职业道德、科研诚信等主题进行专题讲座，分享他们的职业经历、成功经验与人生感悟，激发学生的职业热情与责任感。

职业规划指导：邀请职业规划师或行业 HR，为药学生提供职业规划指导，帮助他们了解药学行业的就业前景、岗位需

求及职业发展路径，明确个人职业目标，制订合理的职业规划，同时提供简历撰写、面试技巧等实用指导。

2. 实践体验活动

社会志愿服务：组织学生志愿者利用寒暑假时间深入农村开展“三下乡”医药健康服务，内容涵盖义诊、敬老、安全用药知识宣传、健康调查、支教等志愿服务活动，组织学生参加全国安全用药科普促进行动和全国中药资源普查。让志愿者在为人民服务的过程中体会到劳动的价值，锤炼意志，磨炼品格，提高专业素养和综合素质能力。

药企实习参观：组织学生到知名药企进行参观走访、实习见习。通过深入了解药品研发、生产、质量控制及市场营销等流程，增强对药学实践的认识，提升解决实际问题的能力。

社区健康宣教：组织学生到社区开展健康宣教和弘扬中医药文化活动，如举办“合理用药知识讲座”“慢性病自我管理培训”等，通过互动问答、情景模拟等形式，提升社区居民的健康素养。

3. 思想引领工作坊

价值观讨论会：围绕“药学生如何平衡个人利益与社会责任”“科研诚信与个人成长”等议题，开展小组讨论与角色扮演活动，引导学生深入思考，形成正确的职业观与价值观。

社会责任项目：以双创教育为重点，鼓励学生以团队形式策划并实施创新创业项目，打破传统思维框架，勇于探索未知领域。在参与社会责任项目时，药学生可以运用所学知识，如药物研发、质量控制、市场分析等，针对社会健康需求，提出创新解决方案。此过程中，药学生的职业素养得到显著提升。一方面，他们需要具备扎实的专业知识，确保项目方案的科学性与可行性；另一方面，他们还需具备团队合作、沟通协调、项目管理等软技能，以有效整合资源，推动项目落地。

4. 自我反思与成长计划

职业素养日志：要求学生每年撰写一篇职业素养日志，记录个人在理论学习、实践体验、思想引领等方面的成长与反思，包括遇到的挑战、解决的策略及未来的规划，明确个人优势与改进方向。

成长计划制订与跟踪：基于职业素养日志，引导学生制订个人成长计划，包括短期（如每月完成一项专业技能学习）、中期（如每学期参与一次社会实践）与长期（如毕业后五年内的职业发展目标）目标，同时设立定期跟踪机制，如每月一次的成长计划汇报会，确保计划的执行与调整。

（四）活动评估与反馈

效果评估：通过问卷调查、小组讨论、个别访谈等方式，收集学生对活动的反馈意见，评估活动效果，及时调整活动内容与形式，确保活动质量。

成果展示：组织成果展示会，邀请学生分享活动心得、成长故事及未来规划，展现活动成果，增强集体荣誉感与归属感。

本方案的实施，旨在全面提升药学生的职业素养与思想境界，使他们不仅具备扎实的专业知识与技能，更拥有高尚的职业道德、强烈的社会责任感及良好的人文素养，成为新时代药学领域的佼佼者，为推动药学事业的发展贡献自己的力量。

五、药学生生命教育实践活动方案

（一）活动背景

在药学专业教育中融入生命教育，旨在培养学生的生命意识、伦理道德和社会责任感，使他们能够在未来的医药研究与实践中，不仅关注药物的疗效与安全性，更深刻理解生命的价值与尊严。通过实践活动，引导学生尊重生命、珍惜生命、关爱生命，促进其全面发展，成为具有人文关怀精神的优秀药学人才。

（二）活动目标

1. 增强药学生对生命的尊重与爱护意识。

2. 提升药学生的用药知识水平和实践操作能力。

3. 在实践活动中让药学生更加了解深厚的用药文化。

（三）活动内容

1. 实验动物纪念活动

开展实验动物纪念活动，让药学生了解动物为实验所做贡献以及理解药学对生命的影响，培养其对生命的敬畏之心。鼓励组织药学生参与实验动物纪念活动的全过程，包括活动前的准备、活动过程中的观察与记录，以及活动后的感悟与思考。教育药学生每次实验过程都应该符合伦理规范，并且注重对动物的保护。

2. 用药知识科普情景剧

为广泛普及科学知识、倡导科学方法、传播科学思想、弘扬科学精神，进一步营造良好的科普创作氛围，提高大学生专业素养和综合素质能力，通过情景剧演绎的形式，向药学生普及用药知识，提高其对用药安全的认识。由学生自编自导自演与用药知识相关的情景剧，如误用约物、药物过敏等，宣传合理用药知识。情景剧内容要贴近实际，具有较强的教育性和警示性。

3. 生命教育主题班会

开展生命教育主题班会，使学生正确认识生命，懂得生命的可贵，珍惜生命。与学生一起探讨生命的意义，明确生命的价值。教会学生如何建设和完善自己的生命意义，实现生命的价值，让每一个生命变得有意义。组织生命故事分享会，邀请医药行业的前辈、患者代表或志愿者分享他们的职业感悟、治疗故事或生命经历，鼓励学生从中汲取力量，思考药学专业的意义与价值。采用开放式讨论，鼓励学生提问与互动，注重引导药学生深入思考。

4. 生命科学馆参观

参观本校或合作单位的生命科学实验室，了解生命科学研究的前沿进展，特别是与药学相关的基因编辑、细胞治疗等领域，激发学生对生命科学的兴趣与思考。开展致敬“大体老师”清明追思会，缅怀和致敬遗体和器官捐献者们的无私奉献与人间大爱，号召全体学生尊重和敬畏生命，自觉树立现代生命观，支持人体器官捐献事业，关注了解人体器官捐献知识，传播人体器官捐献理念，一起传递生命美意，共同续写人间大爱。

5. 医院志愿服务

在活动中，药学专业的学生将有机会亲身体验医疗服务的各个环节，从而深化对医疗体系、患者需求及药学实践的理解。

导诊服务：学生可在医院大厅或各科室门口担任导诊员，负责解答患者及家属的咨询，指引他们前往相应的科室或检查区域。这一过程将帮助学生熟悉医院的布局与流程，同时锻炼他们的沟通与服务能力。

陪诊服务：针对需要特殊照顾的患者，如老年人、残疾人或语言沟通障碍者，学生将提供一对一的陪诊服务，协助他们完成挂号、检查、取药等流程，确保他们能够得到及时、有效的医疗服务。这一环节将增强学生的同理心与责任感。

健康宣教：学生将在医院宣传栏、候诊区等区域张贴健康知识海报，或向患者及家属发放健康手册，普及疾病预防、用药指导等常识。这一活动不仅能够提升公众的健康意识，还能让学生在实践中巩固药学专业知识。

药品发放与咨询：在药剂科老师的指导下，学生将参与药品的发放工作，确保患者能够正确领取所需药物。同时，他们还将提供药品使用咨询，解答患者关于药物用法、用量、副作用等方面的疑问，保障患者的用药安全。

上述实践活动，不仅有助于提升学生的沟通能力、团队协作能力及解决问题的能力，更能够在药学专业学生心中种下尊重生命、追求卓越的种子，为培养具有高尚医德、精湛技艺的未来药学人才奠定坚实基础。

六、药学院思想铸魂工程实施方案

为推进新时代高校党建“双创”工作标杆院系培育，坚持思想建党，理论强党，推进党内教育常态化、制度化，以党的创新理论凝神铸魂，用党的理想信念“补钙”“壮骨”，增强党的思想引领力，锻造坚强战斗力，落实立德树人根本任务，特制订以下工作方案。

（一）工作目标

深入开展习近平新时代中国特色社会主义思想学习宣传教育活动，扎实推动党史学习教育，以“三会一课”为基本制度，以党支部为基本单位，以党的创新理论学习为党员教育的基本内容，长期坚持、形成常态、形成制度，开创第二课堂理论学习品牌活动，坚持不懈用党的创新理论武装头脑、指导实践、推动工作。

（二）工作内容

1. 建立健全理论学习制度

（1）健全完善学院理论中心组学习制度、师生政治理论学习制度，规范执行教师每周 1 次集中学习、每月 1 次党的创新理论学习制度，每学期 1 次红色社会实践活动，出台《药学院学生党员学习教育管理制度》，确保每一名党员理论学习时长不少于32学时。

（2）构建药学院党委委员联系教工党支部、学生党支部和党外知识分子的结对共建理论学习体系。党委委员积极参加所在支部及联系支部的“三会一课”，面向师生讲授党课，积极向党外知识分子宣讲党的创新理论。

2. 开展理论学习质量提升活动

（1）打造党委理论学习中心组成为理论学习的“示范组”，发挥领导班子和领导干部领学、带学的导向作用。对理论学习不力的支部进行整改。

（2）编印学院《每月理论学习汇编》下发到支部，一体化推进学院理论学习；加强学院二级党校建设，挖掘学院红色历史，建立学院党校特色教育课程库。

（3）加强理论学习督导检查，把师生参加政治理论学习情况作为师生年终考核、评优评先的重要内容。评选一批理论学习先进个人，努力在全院形成良好的学习氛围。

3. 打造理论学习品牌活动

（1）在教职工和学生当中开展以“党史学习教育”为主题的红色系列活动，提高思想站位，学懂弄通，丰富、创新、挖掘、宣传身边的党史学习教育资源，引导广大党员特别是青年师生知史爱党、知史爱国，推动党史学习教育深入师生、深入课堂、深入人心，真正把党史学习教育摆在首位。

（2）依托新时代青年文明实践所、大学生党务管理中心成立“药苑星火传颂”党的创新理论宣讲团，定期到支部、班级、宿舍等宣讲党的创新理论。

（3）打造“药苑星火讲坛”理论学习品牌活动，通过邀请院内外专家学者，定期给师生讲授党的创新理论。

（4）打造学院药学综合技能培训中心“红色传承”思想引领板块，购置红色书籍和影音资料，引入VR信息技术，创新理论学习方式，增强师生理论学习积极性和主动性。

七、药学院先锋药苑行动工作方案

为推进新时代高校党建“双创”工作标杆院系培育，发挥学院党委领导作用，提升党委组织功能和服务功能，达成党建工作与事业发展目标同向、部署同步、工作同力。特制订以下工作方案。

（一）工作目标

以习近平总书记关于奋斗精神的系列重要讲话精神为指引，发挥学院党委领导作用，在人才培养、科研管理、社会服务、文化传承、国际交流合作等方面不断深入融合创新改革理念，以“双一流”建设为契机，一主两翼（以药学专业为主体，引领带动临床药学和中药资源与开发专业发展），建立起与学校、学院发展战略相适应的党建群团工作机制，发展教学科研“纵横结合”新格局，着力开创内涵式、复合式发展新局面。

（二）工作内容

1. 推进学院治理体系改革

依托药学院党政领导联系服务人才机制，积极鼓励学院师生参与民主管理工作，建设全链条风险防控管理闭环，提升学院治理体系和治理效能现代化水平。完善学院党委服务功能，专门设置学院教学工作、科研工作、管理工作、学生工作意见箱，倾听一线基层意见。

2. 全面构建“思专创”人才培养体系

依托学院专业特色、学科优势和创新创业长处，将思想政治教育、专业教育和创新创业教育融合并进，将“德育”作为人才培养第一要素，全面提升师生人才质量。

3. 建设高质量药学教育体系

以药学专业认证工作为契机，抓好本科教育教学工作整改，发挥党组织和党员的模范带头作用，从教学团队、条件建设、课程体系、教学模式、课程管理五方面推动学院本科教育教学工作高质量发展，重点包括出台《药学院一流本科课程培育管理办法》等相关教学课程管理制度；着力完善网络化信息系统平台，开发智能化应用软件系统，研制通用实践设备器械，为人才培养提供充分条件；推进实践教学改革，加大整合性、综合性实验开设力度，完善药学综合实训课程，增加沟通技能、演讲与口才等实践通识课程。

4. 推动创业实践体系多元化建设

完善学院大学生职业素质培养区设施并投入使用；多校区增设创新创业孵化基地和实践育人基地；继续实施个性化就业指导与服务，开办药企职业成长训练营和企业家成长训练班，深入指导学生参加创新创业训练计划项目并着重推进“互联网+”大学生创新创业大赛种子选手培育工作，多渠道构建“创业种子+创业苗圃+创业孵化+创业加速”全周期的创新创业生态指导服务链条体系。

5. 促进政产学研用五位一体深度融合

以区域医药产业发展需求为导向，以广西普通本科高校示范性现代产业学院——现代医药产业学院以及广西北部湾海洋生物医药精准开发和高值利用工程研究中心等平台为依托，充分发挥产业学院在区域医药人才培养和医药产业开发中的引领示范作用，进一步加强与广西康晟制药有限责任公司、军科正源（广西）生物医药科技有限公司等企业深度合作，推动科研成果转化与示范推广。

6. 推动高水平科研平台建设和药学创新科研团队建设

立足广西地方特色和学院优势，积极推进西南特色民族药物开发国家地方联合工程研究中心、广西生物活性分子研究与评价重点实验室、广西老年病防治药物基础研究重点实验室和现代化斑马鱼新型模式动物生物医药研究平台建设工作，打造具有鲜明特色和国内影响力的国家级、地方级科研平台，实现国家自然科学基金新的突破。

7. 提升一流学科服务国家及区域发展战略的主动性

响应“向海经济”战略，加快海洋大健康产品新品的研发上市工作，推动药用资源等自主创新成果与优势产业的协同发展。

8. 实施药苑特色文化精品战略

建设学院“红湾主题阅读体验区”并开展社会主义核心价值观主题教育，挖掘学院红色教育基因，推广中华优秀传统文化，结合药学院辉煌历史和宏伟蓝图，在药学院官网、“药苑青语”公众号、易班和药学院官方QQ空间等线上媒体平台开展药学系列专题报道、知识普及和师生典型事迹宣传表彰等文化活动，努力培育反映学院师生价值追求的药苑文化品牌，打造多校区一体化线上线下联动宣传机制。

9. 加强规范化的群团组织领导

实行领导班子成员联系学生社团制度，指定一名党委委员联系指导团委工作，建立工会主席、团委书记主动向党委定期汇报工作制度，采取兼职形式选择党性强、素质好的教师担任群团组织工作指导员，完善群团组织的规章制度，形成纵横交错、结构合理、功能完备的师生基层群团组织网络，扩大群团组织和工作覆盖面。

八、药学院精准思政行动实施方案

为深入落实全国教育大会精神，进一步把贯彻落实全国高校思想政治工作会议精神引向深入，推动首批新时代广西高校党建标杆院系创建培育，切实推动学院思想政治工作高质量发展，落实立德树人根本任务，特制订以下方案。

（一）工作目标

围绕立德树人的根本任务，坚持社会主义办学方向，在专业教育、课程思政、网络思政、实践育人四方面精准推进思想政治建设工作，不断提高针对性、有效性和吸引力、感染力，着力构建“五方协同”的“大思政”格局，形成“三全育人”工作体系，切实推进学院思想政治工作高质量发展，培养能够担当民族复兴大任的时代新人。

（二）工作内容

1. 推进课程思政示范课程建设计划

修订完善《药学院教案评价制度》，修订课程教学大纲，将课程思政落实到教学目标及教学大纲中。推出一批课程思政示范课程、教学名师和教学团队，将优质资源进行数字化转化，建设一批课程思政设计优秀案例。推行德与医与药交融的教学模式改革，鼓励课程思政类教育教学改革项目申报以及教学成果培育，开展课程思政建设师资培训研讨、教学大赛、案例成果展示等，深化教研室与马克思主义学院教研室进行课程育人共建活动，充分激发教师的积极性。

2. 开展针对不同年级大学生专业思想政治教育建设活动

根据不同年级和专业学习的特点以及学生成长成才需求，整合院内外资源，制订各年级专业思政工作活动方案，从专业思想认同、情感认同和行动认同三方面强化专业教育，提升学生的综合素质能力。

3. 实施结对共建帮扶党建品牌 6.0 活动

在结对共建 1.0~5.0 基础上，精准对接学生需求，拓展结对帮扶内涵，组织学院教师党员与优秀学生、后进学生进行一对一结对帮扶，实现培优扶困，达到“抓两头，带中间”的良好效果。

4. 全面深化推进药学本科生导师制

在药学本科大一、大二年级学生中持续开展本科生导师制，可“导师个人指导”，也可“导师团队式指导”，促进导师间取长补短，交叉融合，发挥团队优势，更好地培养学生，推动提高学院人才培养水平和质量。

5. 推进药学技能培训中心实践平台建设，建立健全实践育人长效机制

实施《药学院学生第二课堂成绩单制度》，广泛开展各类社会实践，鼓励更多的学生深入基层开展社会考察调研，参加

社会实践锻炼。加强实践教学基地建设，实施教师走进企业进行实践培训，引入校外导师到学院开展育人活动，促进学院和社会密切合作。建立健全学雷锋志愿服务注册登记制度，引导师生广泛参与志愿服务和社会公益活动。组织好大学生暑期“三下乡”社会实践活动。建设校本部职业素养培训区和武鸣校区创新创业孵化基地，组织开展创新创业实践活动。

6. 规范科研行为，树立科研典型

制定《药学院科研行为规范实施意见》，开展学院师生诚信教育项目，每年至少1次开设学术规范与学术道德专题讲座，科研人员每年至少进行1次线上或者线下诚信教育学习。加强先进典型的引领带动作用和具有重大理论和实践价值的科研项目成果的宣传，在学院内选树一批科研育人示范项目和先进个人。

7. 在服务育人中增强思想政治教育的实效性

把解决思想问题与解决实际问题结合起来，做到既讲道理又办实事。建立学生学业预警和精准帮扶制度，加强学业指导，严格考风考纪，帮助大学生顺利完成学业。实施“道德润育工程”，加强对家庭经济困难学生的精准资助和发展型资助工作，引导学生常怀感恩之心，满怀报国之志。实施学生“阳光”心理素质提升计划，加强对有心理问题学生的精准识别。

九、立足“三全育人”，构建多维育人新格局

学院立足药学专业特色和优势，秉承“为党育人、立德树人、三全育人”的工作理念，牢牢把握思政教育的核心——“理想信念教育”，推动“聚力工程”和“优良学风建设工程”，聚焦“育心与育德结合”，“扶困与扶智、扶志结合”，“专业课程教育与思想政治教育结合”，打造“党建管理平台”“网络思政平台”“实践综合平台”“创新创业平台”，构建“一核心、二工程、三结合、四平台”大学生思想政治教育多维育人新格局，培养具有系统的专业基本理论与实际工作能力，兼具良好的职业道德和人文素养、大健康理念和国际视野的复合型、应用型、创新型高素质药学人才。

（一）“一核心”——牢牢把握思政教育方向

学院积极引领学生坚定理想信念，坚持学习党的创新理论，牢牢把握思政教育方向。一是围绕“六个加强”扎实开展“不忘初心、牢记使命”主题教育。即加强理论武装，进行思想引领，开展主题学习分享会、主题党知识竞赛和征文比赛活动；加强榜样宣传，进行典型引领，观看《榜样》和警示教育视频进行正反对照学习；加强红色教育，传承红色基因；加强新闻宣传，进行舆论引导，推送积极向上的主题教育相关新

闻、宣传展板，营造浓厚校园氛围；加强志愿服务，培育服务文化，开展安全用药知识宣传、学雷锋志愿先锋行活动等多项实践活动。二是以最新时政要点为契机，引领学生与时代同向同行。学院结合重大节庆、传统节日等时间节点，开展青春告白祖国“七个一”系列活动，即一首红歌、一次告别、一场宣讲、一堂党课、一次志愿服务、一次红色教育、一次班级活动，增强学生的爱党爱国情怀；组织各团支部开展“青春心向党、建功新时代”“青春告白祖国”“青年一代的责任与担当”等主题团日活动和团课，鼓励青年学子努力奋斗。三是着眼“内化于心、外化于行”，强化社会主义核心价值观的道德实践。通过观看视频、读书分享、知识问答、朗诵告白等各种形式，围绕“不忘来时路，自豪自信”“开启新征程，同心圆梦”“担当新使命，接续奋斗”等内容畅谈理想，激发学生爱国热情，做新时代的奋斗者；组织学生参加中华经典诵读大赛、“我和我的祖国”合唱比赛，开展“实践归来话成长——我的青春故事”报告分享会，邀请实践经验丰富、品学兼优的学生分别对参加校外交流项目、军旅生涯经历、名校保研之行、医院成长故事等进行讲述，用身边的榜样教育和感染学生，加强品德修养，巩固共同思想道德基础。

（二）“二工程”——加强思政教育协同育人

实施“聚力工程”，组建全员思政工作队伍。学院凝聚育人合力，充分挖掘学院领导、专业教师、管理人员、辅导员、班主任、院外行业企业人员、家长等多个岗位的育人要素，建设“内外兼容”的思政工作队伍，构建大思政格局。学院党委委员全覆盖联系指导学生党支部，引领学生党员坚定理想信念，树立共产主义远大理想；开展“先锋党员+”立德树人活动，学院党政领导干部、教师党员深入基层联系学生个体和学生团体，从多方面、多角度深化立德树人工作；重视辅导员、班主任培训、考核与管理，夯实学工队伍建设工作，不定期外出参加各类业务培训班，增强教师队伍专业化水平。精选院内外优秀博士、硕士教职工担任班主任工作，每月召开班主任工作例会，加强班主任工作培训，实施科学管理和考评制度，有效激励促发展。每位班主任手持“四大宝”（《药学院学生成长档案本》《药学院学风建设白皮书》《圆梦》《追梦》），增强队伍专业化水平。邀请行业企业人士进行各类育人讲座，积极与医院药学部、离退休处、后勤处、人事处党支部结对共建。

实施“优良学风建设工程”，营造思政教育好生态。好的校风和学风，能够为学生学习成长营造好氛围、创造好生态，思想政治工作就能润物无声给学生以人生启迪、智慧光芒、精神力量。为此，学院多举措实施“优良学风建设工程”。一是强化教育管理，优化制度建设。坚持展开查课、查寝、谈心谈话“三查”制度，同时做好学业警示工作。二是进行专业导航，细化发展辅导。实施本科生导师制，在学院教师队伍中遴选政治强、素质高、教学和科研成果突出的专业教师担任大一年级本科生导师，对新生的思想品德、专业学习和职业发展规划进行导向和导学，有效实现对学院大学生思想引领、学业指导、专业引导、职业规划、就业创业指导的全方位覆盖；为了让学生更深入了解临床药学专业以及对专业的疑问和困惑，学院邀请医院的专家团队为高年级学生开展专业思想教育访谈会，加强专业和就业指导，形成良好学习氛围；召开新生开学典礼专业思想教育大会，结合国内外形势解读药学发展趋势，详细介绍各专业的特点、教学模式及就业方向。三是树立先进典范，深化氛围建设。依托各类评奖评优工作，评定校级先进班集体标兵、集体和个人，以典范带动学风建设。

（三）“三结合”——有效助力思政教育育人工作

聚焦专业课程与思想政治教育相结合，建设学工队伍的“思政金课”。学院发挥学工队伍教师的特长，积极打造思政教育的第二课堂，创新发展日常思想政治教育的新阵地。一是学院大力推动以“课程思政”为目标的课堂教学改革。在人才培养方案中设置药学综合技能实训课程，该课程包括人文素养实训、计算机应用实训和专业核心技能实训三大模块。二是以学工团队为主要成员的教学团队成功申报自治区级创新创业社会实践一流本科课程。通过创新创业教学的实施实现对大学生的思想引领，提升学生的职业素养。

推动育心与育德相结合，培育学生健全人格。育人先育德，育德先育心。通过队伍建设、制度建设、设施建设和活动拓展，实现育心与育德相结合，人文关怀和心理疏导相促进，提升心理育人水平。一是建立健全“1+N”多位一体的心理健康教育机制。成立心理健康教育工作领导小组，建立心理危机干预机制，形成“学院—班级—宿舍”“学院领导教师—班主任—心理委员—心理信息员”的协同工作机制，完善心理健康档案建设，完善谈心谈话制度。二是开展心理健康教育系列活动，提升学生心理健康素养。在新老生中开展团体心理辅导、5·25心理活动日、10·10精神卫生宣传日、大学生心理微视频大赛、微课比赛、摄影大赛、心理情景剧、心理板报等心理健康教育活动，培育自尊自信、理性平和、积极向上的社会心态。三是加强心理健康教育干部队伍培训，增强队伍专业化水平。召开院级班主任、院级心理委员和宿舍信息员心理知识培训，组织师生参加心理交流会和心理健康讲座，切实提高心理健康教育干部队伍业务水平。

推动“扶困”与“扶智”“扶志”相结合，解决实际问题与思想问题同步进行。从单纯“扶困”走向“扶困”与“扶智”“扶志”相结合，是学院贫困生资助理念与实践创新的体现。一是探索“保障型”资助向“发展型”资助转变。学院积极探索“发展型”资助，在泰国、马来西亚、新加坡等国外交流项目的名额中，优先向家庭经济困难学生倾斜。二是探索“输血型”资助向“造血型”资助转变。学院帮助贫困学生申请勤工助学岗位，提升贫困生的自身造血能力。同时学院探索

“以商养学”新模式，鼓励有创新创业意愿的学生通过参加创业营销大赛、创业项目入驻创新创业实践基地等，形成资助资金的自我造血机制。三是开展资助主题教育系列活动。学院定期开展以“自立自强、诚实守信、知恩感恩、勇于担当”为主题的学生资助政策宣传月活动，组织受助学生参加社会公益活动、资助政策知识宣传、诚信教育讲座、征文比赛、宣传标语比赛、电子板报比赛、“励志·诚信·成长”资助政策网络知识竞赛等活动，激励更多学生知恩感恩，做有理想、能吃苦、肯奋斗的时代新人。

（四）“四平台”——形成思政教育立体格局

搭建党建管理平台，夯实党建引领思政教育。学院积极探索党建引领下育人新模式。一是成立学院新时代青年讲习所。在全院开展形式多样的讲习活动，充分发挥新时代青年讲习所在引领青年思想、凝聚青年力量、提升青年能力等方面的积极作用。二是成立学院大学生党务管理中心。大学生党务管理中心的成立有利于学院学生党建工作走向更加规范、更加科学的道路，这是学院学生党建工作模式的新尝试，也是提高大学生思想政治教育工作实效性的新途径。三是开展党员朋辈教育活动。开展党员联系班级团员活动，开展“手拉手，跟党走”党的知识宣讲大会，面向团员青年开展党课，提高团员政治理论素质，积极号召广大团员青年向党组织靠拢。

搭建网络思政平台，开拓网络新媒体思政育人作用。紧跟时代潮流，以“多渠道、促实效”为原则，在巩固传统宣传渠道的同时，开辟数字传媒新战场，开展全面思想向导，充分发挥新媒体育人功能。一是构建易班“一体三翼”网络思政育人新模式。“一体”是以学生为主体，“三翼”分别为加强队伍建设、优化服务功能、打造精品活动。在队伍建设上，成立二级学院易班建设工作小组，开展多次队伍干部培训；在优化服务功能上，开发一系列校园服务功能，如“易起留言（毕业生）”，开发一系列文体娱乐功能，如“新生杯篮球赛线上抢楼活动”、优秀微电影展播等，积极组织学生参加高校网络育人优秀作品推选展示，开展网络文化建设活动；在易班搭建专栏宣传学生品牌特色活动。二是开辟“多层交叉”式网络对接平台。创建大学生党务管理中心官方QQ、各学生党支部官方QQ、家校联系微信群，完善各级组织QQ群、微信群，稳步推进“电子党团务”工程，实现平面、网络多种形式并重并行的立体宣传。

搭建实践综合平台，提升思想政治教育工作的实践育人成效。学院构建实践育人共同体，打通实践育人“最后一公里”，切实推动实践育人，增强大学生思想政治教育的实效性。一是用志愿服务社会实践活动浇灌思想政治核心素养之花。学院组织大学生志愿者赴乡村开展“三下乡”社会实践活动，中药资源与开发专业学生积极参与全国中药资源普查。学院绿光志愿者服务队深入居民社区、公共场所、敬老院等开展与药学院专业教育相关的用药知识宣传和义诊活动。二是推进校外实践平台建设，构建学生、学院、企业协同育人新模式。与药企、行业公司建立素质培养班，依托校内和校外基地，整合学院和企业的资源，构建了学生、学院、企业协同育人新模式。

搭建就业创业平台，在创新创业中强化价值引领。一是开展“精细化”就业指导服务，引导学生实现人生价值。开展教师党员结对帮扶活动，在就业观念、就业技巧等方面给予辅导，同时开展模拟招聘、简历设计比赛、职业生涯比赛等活动，提升学生的职业素养和就业能力。二是以竞赛、项目、活动为载体，激发学生创新热情，培养学生创业报国的情怀。邀请行业知名学者和专家担任创业导师，开展药苑论坛等系列活动；举办创业文化节、网络创业营销大赛，利用专业教师的科研团队、工作室等，积极组织学生参与各类创新创业项目和竞赛。

参考文献

一、专著

［1］蒋巍巍．向上管理的艺术［M］．北京：人民邮电出版社，2018.

［2］李笑来．把时间当作朋友［M］．武汉：长江文艺出版社，2023.

［3］王立．跟《西游记》学员工管理［M］．北京：台海出版社，2013.

［4］郑雅君．金榜题名之后，大学生出路分化之谜［M］．上海：上海三联书店出版社，2023.

二、译著

［1］拜恩．力量［M］．王莉莉，译．长沙：湖南文艺出版社，2011.

［2］克里斯坦森．创新者的窘境［M］．胡建桥，译．北

京：中信出版集团，2020.

[3] 兰西奥尼. 团队协作的五大障碍 [M]. 刘向东，栾羽琳，译. 北京：中信出版集团，2022.

[4] 施韦泽. 对生命的敬畏 [M]. 陈泽环，译. 上海：上海人民出版社，2007.

[5] 托内利. 时间 [M]. 王烈，译. 石家庄：河北科学技术出版社，2023.

[6] 詹姆斯. 实用主义 [M]. 陈羽纶，孙瑞禾，译. 北京：中国青年出版社，2013.

三、期刊

[1] 边瑞芳. 基于国家教学标准的地方特色药学人才培养目标设置 [J]. 中国标准化，2023 (10).

[2] 丁里宁，汪昕. 优秀本科生科研创新能力培养模式探讨 [J]. 教育教学论坛，2019 (42).

[3] 梁亚男，李霞，姜大巍，等. 加强药学生专业技能与职业素质教育的思考与实践 [J]. 药学教育，2019，35 (3).

[4] 蒲成志，郭宇芳，李超，等. 本科生科研与创新能力培养 [J]. 中国冶金教育，2022 (2).

[5] 申蕾，马莹慧，韩丽琴. 药学专业学生职业道德教育的探索 [J]. 吉林医药学院学报，2021，42 (6).

[6] 隋丽丽，苗丽华，金戈，等. 创新型药学人才培养模

式的实践研究［J］. 化工管理，2023（13）.

［7］王玲，姚远兵，刘颖，等. 结合用药分析探讨临床药师的药学思维［J］. 中国药房，2010，21（10）.

［8］薛亚楠，贾连群，曹媛. 结合科研项目培养大学生创新创业能力的探索与实践［J］. 卫生职业教育，2021，39（10）.

［9］苑娟，徐青青，杨欢欢. 依托创新项目提升药学专业学生专业技能与创新能力［J］. 中国教育技术装备，2019（12）.

［10］张玲. 专业能力导向视域下大学生职业能力的培养［J］. 山西青年，2023（24）.

［11］张志强，张艳，马建国. 大学生职业技能培训与就业质量的关系研究［J］. 西部素质教育，2016，2（6）.

四、其他

［1］国家药监局关于发布医药代表备案管理办法（试行）的公告（2020 年 第 105 号）［EB/OL］. 国家药品监督管理局官方网站，2020-09-30.

［2］国家药监局 人力资源社会保障部关于印发执业药师职业资格制度规定和执业药师职业资格考试实施办法的通知［EB/OL］. 国家药品监督管理局官方网站，2019-03-20.

［3］习近平. 高举中国特色社会主义伟大旗帜为全面建设社会主义现代化国家而团结奋斗：在中国共产党第二十次全国代表大会上的报告［N］. 人民日报，2022-10-26（2）.